牛山佳幸

善光寺の歴史と信仰

法藏館

はじめに

本書は信濃善光寺の沿革および善光寺信仰の展開について、過去三〇年近くに及ぶ筆者の歴史学的な研究をもとに、できるだけ客観的に、かつ平易に叙述しようとしたものである。

ある年代以上の日本人なら、たとえ法隆寺や東大寺を知らなくても「長野の善光寺」は知っているとの巷説があるほど、この寺は全国屈指の著名な寺院であるが、本書で描かれているのは、これまで一般に知られている善光寺のイメージとは若干かけ離れている点があるかもしれない。そこで、一般読者の便宜を図る意味もあり、本書における主要な論点といったものを最初にいくつか掲げておきたい。じつは以下に述べるようなことは、大学の講義や市民講座などで善光寺史をテーマに取り上げると、必ずといってよいほど質問を受ける点でもある。

多くの方が抱かれる疑問で最も多いのは、今日年間に六百万人もの参詣者が訪れる大寺院が、なぜ古代に、しかも信濃のような東国辺境地に建立されたのか、といった点である。しかし、創建時の善光寺は全国に数百か寺もあった無名の寺院の一つに過ぎず、ある時期から本尊の霊験が宣伝され、次第に有名になって今日に至ったものである。すなわち、善光寺の創建年次と善光寺信仰が流布し始める時期は異なるのであり、その間には約四百年の開きがある。それも、多くの古代寺院が廃絶する中で、善光寺は生き延びることができた数少ない寺院であった。それは地方豪族の氏寺的な存在から、霊場寺院に転生したことを意味するものだが、それに重要な役割を果たしたのが「善光寺縁起」なのである。本書の善光寺論の骨格をなす見方であり、第一章では、この点を中心に叙述している。

「庶民信仰の寺」「民衆の寺」という言葉をよく耳にするが、それはどういう意味か、という質問もしばしば寄せられる。確かに現在も謳い文句として使われることが多いが、善光寺が最初からそのような性格を有していたわけではない。「庶民」「民衆」が支配階級を構成した農民層の意味だとすると、古代にはそうした人々が寺院建立の発願者となった例は見出せない。いつの時代でも寺院を建立したのは為政者や領主層などの権力者であり、それ以外の、たとえば豪商・豪農による寺院建立の例が現れるのはせいぜい近世になってからの話である。善光寺も創建に関わったのは地方豪族の郡司層であり、その後も鎌倉幕府や江戸幕府などが最大の檀那であった。「庶民信仰の寺」「民衆の寺」というイメージは、寺院の建立者や檀那に起因するのではなく、主たる参詣者の階層から生まれたもので、江戸時代後半以降に、町人や農民の物見遊山が爆発的ブームとなったことがその背景にある。この頃には善光寺は、伊勢神宮や西国三十三所などとともに旅の目的地の代表的な一つとなっていた。民衆の善光寺参詣の様子については、231頁以下で叙述している。

善光寺が「無宗派の寺」というのは本当か、という質問もしばしば受けるものの一つである。どのような宗旨に属する寺の檀家の方であっても、善光寺には気兼ねなく参詣できるというのは、まことにありがたいことである。ただ、法律的には（一九五二年制定の宗教法人法）、確かに「善光寺」はいずれの宗派にも属さない単立の宗教法人として登記されているが、それとは別に浄土宗の「大本山善光寺大本願」と天台宗の「善光寺大勧進」が各々配下の院坊とともに、宗教法人として設立登記されているから、現在山内にある宿坊はすべて、天台宗と浄土宗のいずれかの宗派に属しているはずである。実際、「天台宗一山」「浄土宗一山」という呼称が使われている。

それ以前の時代はどうかと言えば、江戸時代には当初、真言宗であった大勧進が天台宗寛永寺の直末となり、さらに浄土宗であった大本願も天台宗に改宗させられて幕末に至る。遡って古代・中世にはどうかというと、じつはこの時代には地方寺院の多くは特定の宗派には属していなかった。平安期以降中世にかけての時期は、日本の仏教界は天台・真言両宗を代表とする八つの宗派が緩やかな結合をした、「顕密体制」（「八宗体制」）と呼ばれる状況にあったとするのが、今日の有力な学説だが、そこに属したのは京内や畿内近国の寺院で、地方の寺院はその枠外に置かれていたのである。

ただ、中央の大寺院が地方の有力寺院を末寺化することはあり、善光寺も室町時代まで天台宗寺門派の園城寺の末寺となっていたが、その当時の本末関係は経済的な領知関係を本質とするもので、江戸幕府の寺院統制によってできた本末制度とは性格を異にしていた。「無宗派の寺」という言い方は、中世社会においては当てはまるかもしれない。善光寺の宗派に関することは107―108頁、206―208頁、267―268頁などで言及している。

もう一つ、現在の善光寺の最大の行事となっている御開帳に関して、しばしば話題となるのは「七年に一度」というキャッチフレーズである。ところが、満年齢に慣れ親しんでいる若い世代には「前回から六年しか経っていないのに」と違和感を持たれることが多いし、外国人観光客に説明する場合にも苦慮しているといった、観光ボランティアの方の声を聞いたことがある。そうした点に配慮して、新聞などでも最近は「数えで七年に一度」「七年目に一度」といった表記に変えられることが多くなった。正直のところ、筆者自身は「数え年」の起算法に必ずしも異を唱える気持ちはない。現在も「三回忌」「七回忌」といった仏事が広く定着しているからである。ただ、諏訪大社の御柱祭が少なくとも中世から寅歳と申歳に開催され、当時から「七年に一度」と言い慣らわされてきたのとは異なり、善光寺の御開帳は江戸時代に始まったものとみられ、当時はその時期も不定期であった。すなわち、念仏堂での常念仏が一定の日数に達した際や、出開帳が終了した時などに実施されていたのであり、七年目ごとの実施が定着するのは近代に入ってからのことである。御開帳のことは214—222頁、265—266頁などで触れている。

ところで、本書では用語の使い方に慎重を期したことを付言しておきたい。それはまず、「金堂」と「本堂」の区別である。古代には寺院伽藍の中心は金堂で、それとは別に講堂があったが、中世以降は講堂が存在しなくなったり、金堂と講堂の機能が一体化されたりして、中心的な建物は本堂と呼ばれることが多くなる。善光寺でも中世後半頃から徐々に「本堂」の語が使用され始めるが、室町時代にできた四巻本『善光寺縁起』では一貫して「金堂」が使用されている。そこで、本書では便宜上、戦国期までの叙述には「金堂」、近世以降には「本堂」（必要に応じて如来堂）として、両者を使い分けることとした。

もう一つは、やはり細かいことだが、「善光寺式如来」と「善光寺如来」の二つの用語も区別している。いずれも善光寺の本尊である阿弥陀如来三尊像、もしくはその模刻像のことだが、前者はもともと美術史学の用語で、仏像の様式上の特徴（この点は本文中で詳述）を示す場合に使用している。それに対して、後者は善光寺信仰の対象としての仏を意味する語で、いわば概念上の用語として使用している。

本書は筆者の既発表論文をもとに叙述したものだが、一般読者をも対象にしたという性格上、註釈は一切省き、主要な出典のみ本文中に括弧書きで示すことにした。もとになった論文等については、別途、集成することを意図している。末尾に付した「略年表」と「主たる参考文献」も、文字通り簡略な形のものにせざるを得なかった。手元には膨大な「善光寺史および善光寺信仰関係年表」と「善光寺史関係文献目録」を作成してあるが、これらもいずれ、何らかの形で公表できればと考えている。

善光寺の歴史と信仰——＊目次

第二章　中世――武士政権の成立と信仰の流布――

第三章　近世——庶民信仰の展開——

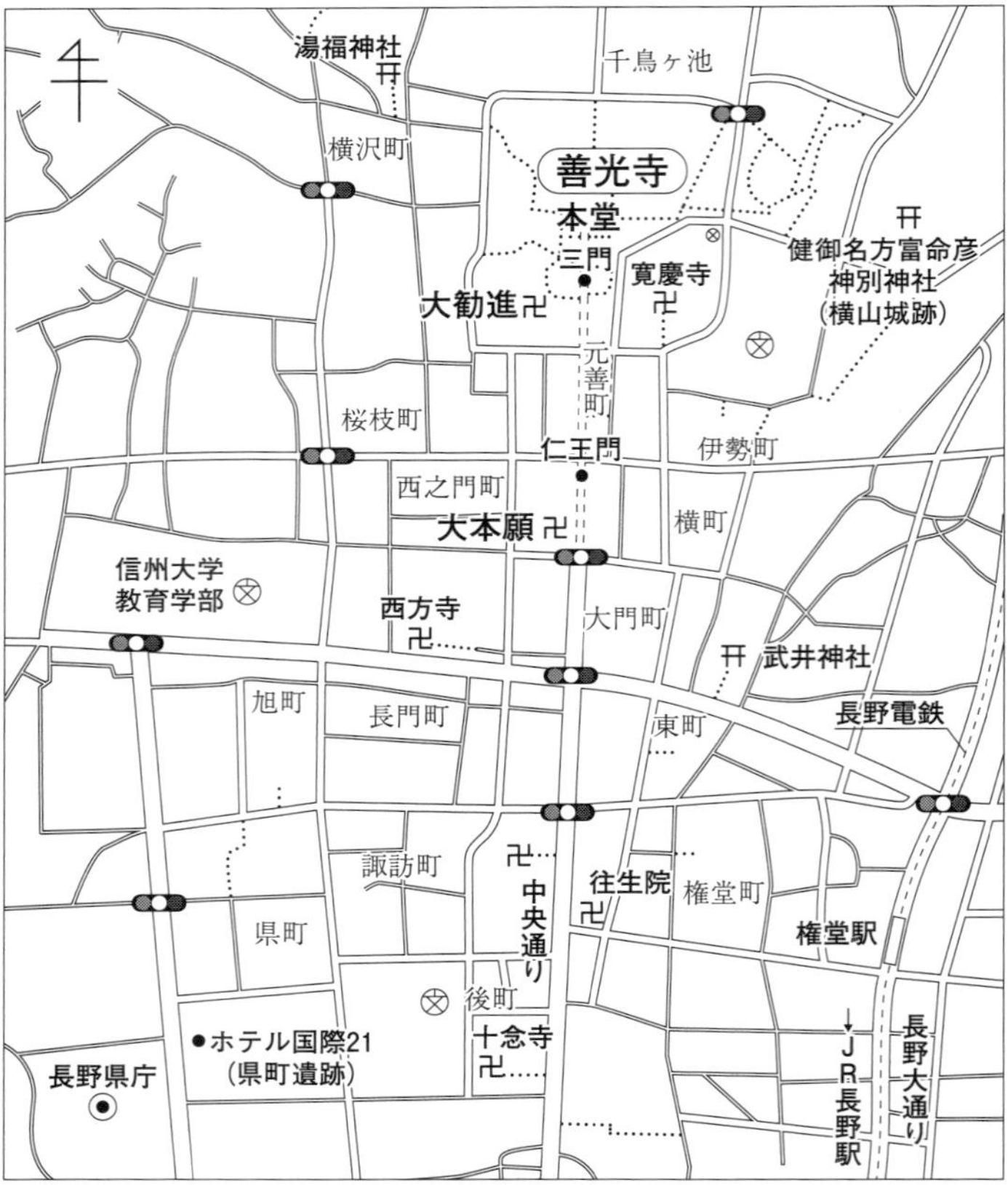

現在の善光寺と参道周辺の地図

善光寺の歴史と信仰

第一章　古代――創建と当初の性格――

1　善光寺の創建時期

文献史料の欠如

信濃善光寺の創建事情については、通例は「善光寺縁起」の記述に基づいて説明されることが多かった。しかし、現在知られている「善光寺縁起」は、もっとも古いものでも平安時代中期以降の成立とみられ、推定される創建年次から四〇〇年近くも経てからできたものである。しかも、草創に関わる部分の記述は、『請観世音菩薩消伏毒害陀羅尼呪経』(東晋・天竺居士竺難提訳)に見える天竺毘沙離国の月蓋長者の説話と、『日本書紀』所載の百済の聖明王が欽明天皇に仏像・仏具を贈ったとする、いわゆる「仏教公伝」の記事を借用したものであるから、歴史的事実を伝える記録などとは性格を異にしている。

要するに、善光寺が創建された時期や造営に関与した人々のことなどを記した、当時の確実な文献史料は残されていないのであるが、こうした場合でも、日本史全体の流れのなかで考察することによって、その成立事情や性格を解明することは不可能ではない。わが国の仏教史に照らせば、古代の地方には最初から「特別な寺院」というものは存在しなかったからであるが、加えて、考古学的な所見や美術史学の知見など、関連諸学の成果を援用することによって、文献史料の欠を補うことができるからでもある。

本尊の様式

それは第一に、善光寺信仰が生起するそもそもの発端となった本尊、いわゆる善光寺式如来像（阿弥陀三尊像）の様式上の特徴である。現在、本堂の瑠璃壇の厨子に納められた本尊は、「絶対の秘仏」とされていて開扉されることはないが、鎌倉時代に鋳造されたとみられる、いわゆる「前立本尊」が、六年に一度の御開帳の際に大勧進の宝庫から移されて、内々陣の中央やや左寄りに安置される。この像の由来については必ずしもはっきりしないが、創建当初からの本尊の様式を比較的忠実に写したと考えられるもので、同様の作例は全国に数多く残されており（**図1**）、なかには海外に流出した例もある。それらの模刻像（俗に分身仏ともいう）に共通する特徴の一つは、中尊の阿弥陀如来立像と脇侍の観音・勢至両菩薩立像が一つの舟形光背を共有している点（一光三尊）にあり、これは飛鳥から白鳳期にかけての如来三尊像によく見られる形式である。

たとえば、斑鳩の法隆寺に伝来し、現在は東京国立博物館の所蔵（法隆寺宝物館展示）となっている、銅製鍍金の「如来および両脇侍立像」（いわゆる「法隆寺献納四十八体仏」の一つ）はその代表作であろう。これは三国時代（六―七世紀）の朝鮮で造られ、日本に伝来したと考えられているものである。同じく東京国立博物館には中国の東魏時代（五三四―五〇）の作例とされる、石灰岩製の「如来三尊立像」が所蔵されており（東洋館展示）、総高は一二五・五センチ（中尊は七五センチ）ほどあって、前者

図1　鎌倉円覚寺所蔵の善光寺式如来像。中尊の台座には文永8年（1271）鋳物師の賀茂延時によって造立された旨の銘文がある。禅宗寺院に伝来した点でも貴重な作例である。

図２　東魏の武定２年（544）銘のある中国河南省法雲寺旧蔵の石灰岩製如来三尊立像

と比べてやや大型で材質も異なるが、様式上は全く同様の一光三尊形式である。

善光寺式如来像のもう一つの著しい特徴は中尊の左手にある。すなわち、右手は五指を伸ばし、肩の高さまで上げて施無畏印を取るのに対して、左手は下げて人差し指と中指を伸ばし、他の三指を折る、刀印と呼ばれる印を結ぶ点である。人差し指と中指を伸ばした印相は六—七世紀の如来像にしばしば見られ、前述した東京国立博物館に所蔵される二組の如来像もこの例に含まれるし、飛鳥寺の本尊釈迦如来坐像の印相も、当初はこうした刀印であったことが推定されている。また、現存する法隆寺金堂本尊の釈迦如来坐像も、左手をよく見ると、人差し指と中指は真っ直ぐには伸びきってはいないものの、やはり刀印に近い印相であることに気づく。

ところが、これらの像ではいずれも親指は伸ばしており、折り曲げた薬指と触れ合うことがないのに対して、現存する善光寺式如来像の模刻像の大部分は、親指を曲げて薬指と接している点に特徴があり、刀印としてはやや異例である。この印相がまったくオリジナルなものかというとそうではなく、英国ヴィクトリア・アルバート美術館に所蔵される石灰岩製の如来三尊像（**図2**）に見ることができる。銘文によれば東魏の武定二年（五四四）に造立されたことが知られ、かつて中国河南省の法雲寺に安置されていたものとされる（金申『中国歴代紀年仏像図典』）。

したがって、善光寺式如来像の独特の刀印も中国南北朝時代の作例に源流があったことは確かだが、わが国に現存する古代の小金銅仏のなかには、これと同じものは見当たらず、おそらく、古代においてもわが国では類例がほとんどなかったのではなかろうか。いわゆる善光寺信仰が湧き起こるのは平安中期以降だが、善光寺の本尊が霊像として注目を浴びる発端となったのは、こうした通例の刀印とは異なる特徴を有していたことによる可能性もあるだろう。後述のように、一二世紀中頃に寺門派の僧覚忠が善光寺を訪れた際に、この仏像をわざわざ写し取ったことが知られるのは、その点を示唆するものである。なお、善光寺式如来像の源流については、脇侍菩薩像の宝珠奉持（後述する梵篋印）の姿態から、従来は南朝に求める見解もあったが、中尊の刀印をその最大の特徴とする立場からすれば、上述したように、むしろ北朝（東魏）の影響を強く受けたものと言えそうである。

さらに材質の点で注目されるのは、大部分が金銅製（銅を主体に鉛・錫などを加えた合金）で、かつ中尊の像高はほぼ五〇センチ以下のいわゆる「小金銅仏」であることである。この点も、渡来仏を含めた、わが国に現存するこの時期の仏像の特徴といってよく、木彫像が主流になっていた中世においても、善光寺式如来像の模刻像だけは、飛鳥・白鳳期の造像法に倣って、その多くが銅製鋳造鍍金の技法で造られた。このほか、善光寺式如来像の基本的な特徴としては、三尊が個々に臼型の台座を有する点や、中尊が両肩を衲衣で覆う通肩のスタイルを取る点、さらに両脇侍像は両手の掌を胸前で上下に重ね合わせて宝珠を抱く梵篋印を結び、頭部は宝冠（六角形の筒型もしくは山型の二種類がある）をかぶる点などが挙げられるが、いずれも前述した六―七世紀頃の仏像にまま見られる特徴である。これらの源流も中国に求められ、当時の東アジアの仏教圏に流行していた様式とみることができる。

出土瓦の様式

第二には、善光寺境内およびその周辺から出土した古瓦の様式である。大正一三年（一九二四）に行われた水道工事の際に、本堂床下から初めて発見されて以来、今日まで数か所から見つかっている。それには大別して軒丸瓦と軒平瓦の二種類があるが、前者はさらに数種類に分類することができる。もっとも古式のものは、瓦当面の文様が飛鳥の川原寺（正しくは弘福寺）で使用されていたものと同じ、鋸歯文縁複弁八葉蓮華文である（**図3**）。川原寺の創建年次については諸説あるが、天智天皇が母斉明天皇の菩提を弔うために、川原宮跡に建立したという説が有力になりつつある。したがって、七世紀中頃から後半にかけての白鳳期であったことは確かであろう。川原寺式と通称されるこの瓦の様式は、当該時期を代表するものとされており、地方では美濃国を始めとする東山道に沿った国々の寺院跡から比較的多く出土している。川原寺は現在は廃寺で礎石を残すのみだが、七世紀後半の天武・持統朝には飛鳥寺・大官大寺・本薬師寺とともに、四大寺の一つに数えられた官寺であった。

一方、軒平瓦の瓦当面の文様はいずれも忍冬唐草文で、同様の瓦は法隆寺の西院伽藍の発掘調査からも発見されているように、やはり飛鳥から白鳳期にかけての時期に流行したとみられる様式である。以上の点と善光寺式如来像の様式的特徴を勘案すると、善光寺は七世紀後半の時期に、瓦葺の伽藍を有する寺院として創建されたことが推定され、併せて当時の中央政権の動向と

図3　善光寺境内から出土した鋸歯文縁複弁八葉蓮華文の軒丸瓦

も無関係ではなかったことが示唆されるのである。

ところが、昭和五六年（一九八一）から始められた、長野市若槻上野地区の県道（牟礼バイパス）の建設工事現場（浅川扇状地遺跡群）で、九世紀後半の住居址群を伴う地点から、これまで「善光寺瓦」として知られていたものと同笵とみられる文様のある、軒丸瓦と軒平瓦が数点出土した。このため、善光寺の創建時期は平安時代初期に下るのではないかといった説も一部に現れたが、そのように考える必要はなかろう。寺院の瓦は長い間に風雪や災害等で徐々に破損していくもので、それらを部分的に取り換える際には、当初と同じ文様や形態の瓦を用いることは当然のことだからである。たとえば、斑鳩の法隆寺などでも七世紀から一〇世紀までの三百年近くの間、鋳型を替えただけでほぼ同じ文様を持つ瓦が製造され続けていたことが知られている。上記の例は、善光寺の場合も、少なくとも九世紀後半頃まで、蓮華文の軒丸瓦と唐草文の軒平瓦が使われ続けていた事実を示すものといってよいだろう。ただし、この九世紀後半という時期に新たに大量の瓦が焼かれたとしたら、それは善光寺に何らかの異変が生じたことをうかがわせるものであるが、その点についてはあとで触れる。

初めて行われた境内の発掘調査

ところで、善光寺境内ではこれまでまったくなされたことのなかった発掘調査が、平成一九年（二〇〇七）に初めて二か所の地点で実施されるに至った（元善町遺跡）。一か所は仁王門の東側に位置する家屋の建て替えに伴うもので、もう一か所は大本願境内にある明照殿の、やはり改築工事に際してのものであった。前者からは中世前期とみられる盛り土や石積みの遺構が発見され、遺物では漆喰の壁片や塑像の断片と思われるものが含まれていたが、主体は中世のもので、とりわけ巴文の軒丸瓦が出土したことにより、鎌倉時代頃の様態を示す遺構ではないかと推定されている。このことは、中世の善光寺の主要伽藍が現在地よりも手前にあったとする、従来からの推定を裏づける結果となった。

図4　元善町遺跡・大本願明照殿地点の瓦集中区

それに対して、後者の遺跡（図4）からは古墳時代の住居址とそこからの土器類や、江戸時代後期の土坑群とそれに伴う陶磁器類とともに、創建時のものとみられる布目の平瓦を主体とする古代瓦片が大量に検出され、一部に意味不明だが文字の刻まれたものも含まれていた。この出土状況から注目を浴びたことが二点

図5　元善町遺跡・大本願明照殿地点から出土した単弁六葉蓮華文軒丸瓦

ある。第一は、礎石などの建物跡の遺構は発見されず、瓦の出土した地層の状態からすると、傾斜面を均すとともに地盤を強化するために、他所から土砂と一緒に運ばれて埋められた可能性が高いことである。このように古い瓦が再利用された例としては、神奈川県茅ヶ崎市の「下寺尾七堂伽藍跡（下寺尾廃寺跡）」が知られる。これは相模国の高座郡家跡に隣接した遺跡で、七世紀後半に創建された寺院が九世紀に再建された際に、創建時の瓦を割って土と混ぜて地固めにされた形跡のあることが判明している。

以上のような点から、明照殿の場所から検出された遺構は善光寺の再建時の地盤造成に関わるものである可能性が高く、少なくとも現在の大本願の周辺には創建当初の堂宇が存在したことを確認するには至らなかった。この事実は創建時の善光寺の位置が、必ずしも今と同じ場所ではなかったことを示唆するものであろう。

いわゆる「湖東式」瓦の出土

第二には、長野県内からは初めてとなる単弁六葉蓮華文の軒丸瓦の破片（**図5**）が、一点のみだが出土したことである。これは俗に「湖東式」と呼ばれる様式の瓦に酷似している。

その特徴は、①蓮弁の中央に稜線があること、②中房の中央の蓮子は大きなものが一つか、または小さな蓮子の周囲に圏線を巡らしていること、③外区の内縁に珠文があること、といった点にあるとされている。これまで知られていた「善光寺瓦」とはまったく異なる様式のものだが、東国で使用された時期は川原寺式とほぼ同じ七世紀後半頃とされている。したがって、これも他の破損瓦とともに別の場所から運ばれてきた可能性が高いものの、この様式の瓦が検出されたことで、善光寺伽藍の創建自体は七世紀後半に遡りうることが、あらためて裏付けられたといってよいだろう。

「湖東式」という用語は、滋賀県愛知郡秦庄町の軽野塔ノ塚廃寺などに代表される、琵琶湖東岸の旧近江国愛知《えち》郡を中心とする一帯から発見された古代廃寺跡に、特徴的に見られる様式である点に由来する。この地域は、古代には依知秦《えちはた》氏などの渡来系氏族の居住地域であったことから、これと同じ様式の瓦が出土する寺院跡は、「渡来人」が建立に関与したとみるのが通説である。このため、善光寺大本願境内の発掘調査概要が公表されると、渡来人が善光寺の造営に参加したのではないか、といった見方が現れたのも無理からぬところではあるが、じつはそのように想定することには慎重さが求められる。

というのも、この様式の瓦は近年、福井県（越前国）や岐阜県（美濃国）などからも出土例が報告されており、はたして「湖東式」という呼称がふさわしいかどうかも議論の余地があるからである。「湖東式」に共通する特徴については先に挙げたが、じつはこの様式に分類されているもののなかには、珠文がなかったり、蓮弁が小型で間弁が広かったりと、外見がかなり異なるものがある。さらに、蓮弁にも素弁と重弁の両方があり、六葉だけでなく八葉のものも含まれているが、こうした点にも、この術語自体がいまだ熟していないことが察せられる。究極的には、川原寺式を含めた古代の瓦そのものの源流が朝鮮半島にたどれるのであり、この時期の瓦の一様式をもって、ことさら「渡来系」と強調することは誤解を生じさせることになるだろう。同様に、善光寺の創建を渡来人と直結して考えることにも問題がある。

渡来文化との関係

古代の信濃、とくに善光寺を取り巻く北信濃には渡来文化の痕跡が濃厚に看取され、それは単に交易の結果によるものだけではなく、渡来系とされる人々が実際に居住していたことに由来することは確かである。そのことを象徴的に物語るのは、朝鮮三国時代の高句麗の墓制を踏襲したとされている積石塚古墳の濃密な分布で、長野県内には全国でもっとも多い八五〇基以上の残存が確認されている。とくに、長野市松代町の大室地区の谷間一帯に点在する大室古墳群は、五世紀から八世紀にかけて継続的に築造された群集墳である。現存する約五〇〇基のうち約八割は積石塚とされるが、このなかには合掌型の石室を備えたもの（**図6**）が二〇数例あり、これは百済の様式の影響を受けたものとするのが通説である。

図6　合掌型石室を伴う積石塚古墳（大室古墳群168号墳）

大室古墳群は現在の長野盆地一帯に居住していた人々の共同墓地と想定されるから、当時、この地域には高句麗系を主体に、百済系を加えた渡来人の大集団が住み着いていたことが推定されよう。この点を史料的に裏づけるのが、国史に頻出する延暦年間（七八二—八〇六）のいわゆる改賜姓記事である。すなわち、『続日本紀』や『日本後紀』によれば、信濃居住の高句麗人や百済人の子孫たちが、先祖代々名乗ってきた高句麗や百済の官位・職制に因む名字を嫌がり、それに代えて和風の氏姓を賜るよう朝廷に申請していたことが知られるのである。こうした事実を踏まえて、善光寺の創建を渡来人との関わりのなかで捉えようとする見方も古くからある。

善光寺の本尊となる仏像を、最初に鋳造したり、礼拝していたのが渡来系の人々であった可能性は、むろん否定はできない。そればかりか、律令制下の郡司層に繋がるような信濃（当初は「科野」と表記）の有力豪族は、朝鮮半島から日本海経由で北陸地方に漂着した人々の子孫である可能性がある。しかし、善光寺の創建の問題となると、渡来人あるいは渡来系文化という点のみに帰結させるわけにはいかない。というのも、彼らが朝鮮半島から仏像や仏具をもたらし、定着地で仏教信仰を継続していたとしても、一定の伽藍を有する寺院が建立されたのは、全国的な事例に照らして、畿内を基盤とした中央集権国家が成立したことが背景にあったと考えられるからである。この点は、後述するように、七世紀後半における地方寺院一般の性格を検討することで明らかとなるだろう。

ちなみに、「善光寺縁起」には百済との結びつきを濃厚に示す草創譚が述べられているが、前にも触れたとおり、この部分は『日本書紀』所載の、百済の聖明王が欽明天皇に仏像・仏具を贈ったとする、「仏教公伝」記事を借用したことに由来するためで、「信濃（科野）における渡来文化の伝統」という、歴史的事実を踏まえて作られたものではないことを付言しておきたい。

『一遍聖絵』に描かれた伽藍

創建時の善光寺を知るための手がかりという点に関しては、もう一つ触れておく必要のある美術資料が残されている。鎌倉時代の一遍の生涯を題材とした絵巻物に描かれた伽藍の様子である。一遍が善光寺を訪れたのは、文永八年（一二七一）と弘安二―三年（一二七九―八〇）にかけての少なくとも二回だが、絵柄に善光寺が描かれているのは、初回の参詣時に際しての場面である。諸本によって構図に違いもあるが、もっとも成立の古い聖戒本の『一遍聖絵』（原本は京都歓喜光寺・藤沢清浄光寺蔵）第一巻第一段によれば、一番外側の門をくぐって境内に入ると、まず正面に五重塔があり、その奥に金堂とみられる建物が描かれているから、一見して南大門・中門・塔・金堂・講堂が一直線上に並ぶ四天王寺式伽藍配置の基本部分に類似していることに気づく。四天王寺式は法隆寺式に先行する飛鳥時代の伽藍様式の一つだが、愛知県岡崎市の北野廃寺跡（三河国額田郡の薬師寺跡か）などの例から、地方では白鳳期頃まで採用されていたことが知られている。したがって、鎌倉期の伽藍配置が創建当初の様式を踏襲していたとすれば、この点も善光寺が白鳳期に建立されたことの傍証になりうることを、以前に指摘したことがある（『善光寺　心とかたち』）。

筆者が聖戒本『一遍聖絵』の絵相を重視したのは、奥書によって知られるこの絵巻物の成立年次である正安元年（一二九九）が、一遍の没後一〇年という節目の年である点に加えて、伊豆国の三島大社（現静岡県三島市）や陸奥国の祖父河野通信の墳墓（現岩手県北上市稲積町水越の聖塚に比定）の景観が、現存するものに近似していることから、かつては、実弟とされる聖戒が作製に当たって絵師の円伊を伴い、一遍の遊行した場所をふたたび歩いて確認したのではないかといった憶説が支持されていたためであった。しかし、近年は従来の通説に多くの疑問が出されるようになり、たとえば大和当麻寺の曼荼羅堂などは、全体の形や屋根の構造などが、当時の実際の建物とは似ても似つかないものである点が藤井恵介氏によって指摘され、同書に描かれた堂塔の様相が、実景を伝えているとする見方は修正を要することが明らかとなっている。

じつは、善光寺の場合も、金堂とみられる建造物は横長に描かれているが、鎌倉前期に再建されたその大きさは、四巻本『善光寺縁起』に引かれた当時の記事に「東西七間、南北十七間」と見えるように、中世にはすでに現在と同様の縦長の建築物であったことを示唆するような文献もある。また、伽藍配置にしても、「善光寺如来絵伝」のうちでもっとも古いとされる根津美術館所蔵本（鎌倉期の製作）に描かれた景観は、法隆寺式のそれに似通っている。そもそも、中世の絵師たちがデッサンや下絵を描くために、わざわざ地方にまで出向いたとは思われず、絵巻物などでは建造物の多くは想像で描くか、もしくは絵師の居住地の周辺にあった寺院を参考にして描いたのではないかと推測される。『一遍聖絵』の絵柄が善光寺の創建時期を推測する手がかりになりうるとした、かつての私見を引用している論著をしばしば見かけるが、筆者としては、ここで撤回しておかねばならない。

ここまで述べてきたことを要約すると、当初の善光寺については、立地場所や伽藍配置などははっきりしない点があるものの、本尊の様式や出土瓦の形態には飛鳥時代から白鳳時代にかけての文化的要素が多分に認められ、これらが創建時期を推定する重要な手がかりになることは疑いない。このうち、本尊像に関しては、最初から善光寺に安置するために造られたのかどうかは不明であるし、また、中国大陸や朝鮮半島から伝来したものなのか、日本列島で鋳造されたものかによって、その造立年代の特定には誤差が生じる可能性があるが、実見できない現状ではこれ以上の詮索は無理である。しかし、もう一方の、使用されていた瓦が白鳳期の川原寺様式を基調としていた点は、その決定打になりうるものであり、伽藍が創建された時期は七世紀の後半に求められるといってさしつかえないだろう。

2　当初の善光寺の性格

七世紀後半の地方寺院

それでは、草創期の善光寺はどのような性格の寺院であったのだろうか。こうした点は、当時存在した地方寺院の一般的性格を検討することによって、ある程度は明らかにすることが可能である。仏教説話集の『日本霊異記』は、そのための好個の史料になりうるものといってよい。同書は平安初期に成立したものだが、内容は奈良時代以前の時代に設定された説話が多く、その当時の地方寺院の成立事情を伝えるものがいくつか載せられている。

たとえば上巻一七話には、伊予国越智郡の大領の先祖である越智直《おちのあたい》が、斉明天皇の時代に百済救援軍に加わって朝鮮半島に渡った際、唐兵に囚われて拉致されたが、この時密かに舟を造り、唐の国で入手した観音菩薩像を舟に奉安して帰国できることを祈願したところ、無事に筑紫国までたどり着くことができた。これを聞いた天皇は越智直を召し出して願い事を申上させたところ、「郡を立て仕へむと欲す」と答えたので、これを許可した。そこで彼は越智郡を建てるとともに、寺を造ってこの観音像を安置したとある。

ここには、寺の建立者が郡司であった点とともに、当時は郡の新設と寺院の建立とが一体のものとして理解されていた事実が反映されている。ちなみに、「郡」の表記は八世紀初頭の『大宝令』の施行とともに始まるもので、それ以前は「評」の字が用いられ、郡司の長官である大領も「評造」とか「評督」と呼ばれていたことが推定されているが、『日本霊異記』では『日本書紀』と同様に、編纂当時の制度である「郡」の用字に統一されている。本書でも便宜上、この時期の「評」「評造」などはすべて「郡」「郡司ないし郡領」の表記を用いることとした。

同じく上巻七話では、備後国三谷郡の大領の先祖が、やはり百済から無事帰還できたことを謝して伽藍を建立し、これが三谷寺と呼ばれていたとある。現在の広島県三次市の寺町廃寺跡に比定される寺だが、この話で興味深いのは、郡司の建立した寺が郡名をとって呼ばれている点で、同様の例として『日本霊異記』には遠江国磐田郡の磐田寺、讃岐国美貴郡の三木寺が見えるほか、六国史等を含めると、郡名を冠する古代寺院は三〇か寺近くも所見される。研究史のうえで「郡名寺院」と名付けられたのがこれであるが、近年では美濃国厚見郡の「厚見寺」（同寺の遺跡は岐阜市の瑞龍寺境内に所在）のように、出土瓦の刻書によって知られる例も増加している。これらの寺院の大半はその建立者は不明だが、備後国三谷寺の例から推せば郡司、とりわけ国造の系譜を引く郡領層によって建立された可能性が高いとみられるのである。

その点をはっきりとうかがうことのできるのが、奈良時代前半に編纂された『出雲国風土記』の記事である。このなかには八世紀初頭までに存在していたとみられる一一か寺が挙げられているが、たとえば大原郡斐伊郷の「新造院」は同郡大領勝部臣虫麻呂が建立したと記されているように、少なくとも七か寺はこうした郡司、それも大部分が長官・次官に当たる、大領・少領という郡領層によって造営されたことが判明するのである。この当時の地方寺院は造営主体の点からみても、「郡寺」と呼ぶにふさわしい存在であったことが知られよう。

一方、考古学上の所見によって、七世紀後半から八世紀初頭に創建が遡りうる寺院址とみられる遺跡は、現在では全国で数百か寺に達するともいわれているが、その数は持統天皇六年（六九二）の調査時に、「天下諸寺」が五四五か寺あったとする『扶桑略記』の伝承的記事とほぼ符合するものである。それらのなかには郡単位に存在したとみられる例や、官衙遺跡の近くに比定される例も少なくないが、その当時、地方官衙を代表するのは農民支配の拠点ともいえる郡家であった。こうした郡家と至近距離に立地した寺院址は、考古学では「郡家（衙）付属寺院」とか「郡家（衙）隣接寺院」と呼ばれてきたが、近年では「郡家（衙）

周辺寺院」なる呼称も登場した。以上のように、七世紀後半の地方寺院は郡司、とりわけ郡領層によって建立され、郡家と至近の距離に立地するものが多かったことが、文献史料と考古学的所見の双方から明らかになるのである。

ちなみに、郡家以外の地方官衙として、都と地方を結ぶ官道に沿って三〇里（約一六キロメートル）ごとに置かれた駅家があった。駅家は郡家から独立した存在で、駅長には郡領に匹敵する有力豪族が任命されていたから、彼らのなかにも寺院を建立した者がいたことが想定される。東山道の通過していた信濃国を例にとると、小県郡の曰理駅《わたり》（上田市常盤域の諏訪部集落に比定）や佐久郡の清水駅（小諸市諸に比定）の各々の比定地付近に、塔心礎が残されていることはその点を示唆するものであり、小県郡青木村に現存する大法寺も浦野駅との関係が推定される寺院である。こうした点を考慮すると、七世紀後半の地方寺院は郡家隣接寺院に若干の駅家隣接寺院を含めて、「官衙隣接寺院」として捉えたほうがより実態を踏まえた理解となるだろう。ただし、本書では以下、善光寺に関しては便宜上「郡寺」の略称を用いることにする。

天武天皇の仏教奨励策

ところで、この七世紀後半は政治史のうえでどのような時代であったかといえば、畿内では飛鳥に都を置いた天武・持統天皇の治世に当たり、中国から導入した律令制度に基づく最初の中央集権国家が成立し、東北地方や九州南部を除く日本列島の大部分が、初めて統一的に治められるようになった時代であった。律令制下の地方政治は中央の官人を国司として派遣して行わせるのが基本だが、その形成期にはまず、旧来の国造層を支配組織の末端に組み込む必要上、彼らを郡領に登用する政策をとったため、郡家はいわば国府に先行する形で設置されていたのである。

天武天皇は新政策を次々と強力に推し進めたが、宗教政策にとりわけ斬新さが見られた。伊勢神宮の式年遷宮の創始、新たな官寺としての薬師寺の造営、あるいは僧尼の統制機構である僧綱制の整備といったものがそれだが、なかでも注目されるのが、即位一四年目の六八五年に「諸国の家ごとに仏舎を作り、仏像および経を置き、もって礼拝供養せよ」との詔を出していることである。ここでいう「家」の意味についてはいろいろと議論があるが、少なくとも民家のことではない。いまだ竪穴式住居が普通であった地方の農民が、自宅に仏像や経典を安置することなどは到底不可能だからである。とすれば、公的な家、つまり「役所」のことであり、文字どおり「郡家」や「駅家」といった地方官衙を指していると考えるべきであろう。地方官衙が「家」と呼ばれていたのは、当初は地方豪族の私宅がそれに充てられたことに由来している。

すなわち、この詔はこれまで述べてきた郡寺などの官衙隣接寺院の建立に関わるものであり、したがって、七世紀後半に全国的にみられた寺院の建立ラッシュは、たんに地方豪族らが財力を誇示したり、流行を追い求めたりした結果ではなく、基本的には天武天皇の仏教奨励策に沿った対応とみることができるのである。こう考えることで、当時の地方寺院の瓦が中央の官寺である川原寺と類似したデザインのものを採用していた背景もおのずと理解できよう。つまり、全国でほぼ同時期に寺院の造営事業が開始されるに当たり、朝廷では基本プランを諸国に提示したり、場合によっては瓦のサンプルを頒布したり、指導する中央官人や技術者らを現地に派遣させたりすることもあったと推定されるのである。

いずれにしても、国家の奨励によって計画性を持って進められた事業だけに、伽藍の規模や諸堂の配置などは、当時の規格に則って造営されたことが推測される。そのことは、これまで発掘調査によって判明している事例では、小規模ながらも法隆寺式や法起寺式といった、畿内の寺院と同様の伽藍配置のものが多いことからもうかがうことができるのである。

3　郡寺としての善光寺

水内郡家と善光寺

それでは善光寺の場合はどうか。水内郡の郡寺だとすると、その郡家の所在地が問題となるが、それについては県町遺跡がその一部として有力視されている。善光寺から一キロメートルほど南西方向にある、現在の「ホテル国際21」の敷地である。昭和四四年（一九六九）に緊急の発掘調査が行われたが、調査面積はわずか三〇〇平方メートルという限られた区域であったにもかかわらず、ここからは古墳時代から平安初期にかけて存在した大集落の跡が検出された。遺構としては竪穴式住居跡二二棟のほかに、複数の堀方列や溝、掘立柱建物跡の一部、あるいは火葬墓の痕跡が確認され、また遺物では、土師器などの土器類に混じって金銅装飾金具の残欠や、奈良時代前半の作製とみられる須恵器製蹄脚硯（**図7**）の破片などが出土したことが特記される。

堀方列の存在は単なる農村集落ではなかったことを示唆するものであり、とりわけ掘立柱建物跡は租を収納する正倉が存在したことを推定させる。さらに、蹄脚硯も当時は一般に役所で使用されたことが知られている。こうした遺構・遺物は郡家遺跡に特徴的に見られるもので、県町遺跡が水内郡家の一部に比定できることはほぼ確実であろう。郡家を決定づける正庁跡の遺構は確認できなかったが、おそらく中心的な庁舎群は、ここから東方に当たる長野市後町付近に所在したためと思われる。というのも、県町の西側から南側にかけては、当時は裾花川の流路に当たっていたと想定されるからである。

この周辺の地名にも興味深いものが多くあるが、以前から注目されていたのは遺跡名にもなった「県町」である。県（アガタ）とは大和朝廷の地方行政上の単位で、一般に郡（評）の前身の一つと考えられているもので、これに因む地名は全国各地に残されている。長野県内では松本市の県町などがその代表的な例で、「東間《つかま》県《あがた》」に由来するという説がある。ただ、長野市の「県町」の場合は、中世以前から存在したことが史料上で確認できず、明治以後に付けられた可能性もあるため、取り扱いにはなお慎重さが求められる。

これに対して、県町の東側に位置する「後町《ごちょう》」は、少なくとも鎌倉時代初期まで遡りうる地名で、藤原定家の日記『明月記』の安貞元年（一二二七）九月二五日条の記事に登場する「後庁」

図７　県町遺跡から出土した蹄脚硯（復原）

に由来する。鎌倉時代初期には幕府の主導による善光寺の再建事業が続けられており、同書の記事によれば、信濃国内の御家人や北条氏の被官となっていた国府の役人（在庁官人）たちの中には、工事を督励するために当地に駐在していた者もいたことが知られる。すなわち、当時筑摩郡に所在していた信濃国府の出先機関が、現在の長野市のこの場所に置かれ、それが「後庁」と呼ばれていたことがわかるが、こうした公的な施設はかつての水内郡家の敷地の一部が再利用されていた可能性が高い。以上の点も、県町遺跡周辺が水内郡家の所在地であったとする推測を補強しうるもので、現在の善光寺と郡家が至近の距離にあったことはもはや疑いなかろう。

もっとも、至近の距離といっても善光寺の仁王門から県町遺跡までは、直線距離にして七〇〇メートルほどあり、何よりも現在の善光寺はかなりの高台に立地しているのだが、これまで判明している全国的な例からすると、古代の郡家と郡寺はもっと接近して建てられるのが一般的で、しかも両者は平坦地に立地する例が多かったようである。たとえば、岡山県津山市の宮尾遺跡は美作国久米郡の郡家と郡寺（久米廃寺）の複合遺跡だが、両者の建物群は東西に規則正しく並んでいて、外郭と外郭の間は一〇〇メートルほどしか離れていなかったとされる。また、岐阜県関市の弥勒寺遺跡群は、美濃国武儀郡の郡家と郡寺（弥勒寺）双方を含む遺跡群だが、西側に位置した法起寺式の伽藍配置の区画と、東側に位置した郡庁群、とくに正倉院とはほとんど軒を連ねるくらいに、一続きの建物群を構成していた。

ちなみに、この弥勒寺の瓦は善光寺と同形式の鋸歯文縁複弁八葉蓮華文軒丸瓦を主体としていたことが知られており、同寺が長良川沿いに立地していたことも、かつての水内郡家と裾花川の位置関係と共通している。河川沿いに立地すれば水害を受けやすいことは、当時の人々も経験的に熟知していたであろうが、それでも郡家が河川の流路近くに設置された例がみられるのは、農民が口分田に課せられた租を運搬するのに、川舟による水上交通が利用されていたことが背景にあったと考えられる。

こうした例からすると、善光寺も当初は郡家ともう少し近い位置にあったのではないかとの見方が生じるが、その場合に注目されるのが、後町のさらに東に位置する「権堂」の地名である。地元の伝承では、この地名の起こりは寛永一九年（一六四二）の火災で本堂が焼失したあと、当時の往生院が慶安三年（一六五〇）まで、本尊を安置する「仮堂」とされたことに因むものとされているが、権堂村の村名は慶長七年（一六〇二）の川中島領主森忠政の検地帳にすでに所見があって、少なくとも近世の初頭までたどることができるから、おそらく中世以前に遡りうる地名とみてさしつかえないだろう。

漢字の「権」に「仮（かり）」の語義があることは確かだが、地名の由来を考証するには、漢字の表記よりも字音を重視することが鉄則である。この点に関して示唆を与えてくれるのは、先にも引用した『出雲国風土記』の記事である。同書によれば、出雲国内には奈良時代の初め頃までに建立されていた寺院が一一か寺あった。注目されるのは、それらの主要な建物がいずれも「厳堂」と記されていることで、これが「金堂」を指していることは容易に推察されよう。「金堂」が当初「厳堂」と表記されていたのは、堂内を「荘厳」にしたことに因むもので、それに「金堂」の用字が充てられたことは、古代には「金堂」は呉音で「ゴンドウ」と発音されていたことを示唆している。この例から、長野市の「権堂」も「金堂」の音通による表記の可能性が高く、したがって、これがきわめて古い地名であるばかりでなく、草創期の善光寺がじつはこのあたりに存在したと想定することもあながち無理ではないのである。そうなると、やはり水内郡家と善光寺は、当初は隣接して存在していたことになるだろう。それは同時に、善光寺が後に現在の場所に移転したことを意味しているが、その時期や背景については後述する。

檀那としての金刺舎人氏

以上のように、善光寺は全国的に見られた郡家と密接な関係を有した寺院で、七世紀後半に郡司層、とりわけ郡領層によって建立された寺院であったことがほぼ確実となった。それでは水内郡の郡領とは、具体的にはどのような氏族であったのか。郡司らの名を記した確実な文献史料は残されていないが、国史の中にはそれを推定する有力な手がかりとなる記事がある。それは『続日本紀』宝亀元年（七七〇）一〇月二五日条に見える、信濃国の「金刺《かなさしの》舎人若島《とねりわかしま》」なる人物が正七位下から外従五位下に昇叙されたという記事である。

ついで、同書の宝亀三年（七七二）正月二四日条によると、この人物は水内郡の出身で女《にょう》嬬《じゅ》として朝廷に仕えていた女性であったことがわかる。『養老令』の規定（「後宮職員令」）によると、女嬬の職務は主として天皇の食事の世話や、宮中の掃除などの雑用であったから、彼女らは後宮では最下層の女官にすぎなかった。しかし、その採用基準をみると氏女《うじめ》、もしくは采女《うねめ》から採用されたことがわかり、このうち氏女については不明な点もあるが、畿内を本拠としたおおむね五位以上の有位者の子女が出仕したと考えられている。一方、采女は諸国の郡司のうち少領以上の者の姉妹か子女で、かつ美貌の者が貢上される規定になっている。金刺舎人若島は外位を与えられていた点が示すように地方豪族の出身であったから、後者の采女に該当し、したがって郡領層に出自を有していたことはほぼ確実であろう。以上の点から、水内郡の郡領氏族は金刺舎人氏であったことが推定されるのである。

ちなみに、宮中に仕えていた金刺舎人若島が、四階級も特進するという異例の出世を遂げた背景だが、同種の事例、たとえば壬申の乱で皇位継承争いに敗れた大友皇子（天智天皇の皇子）の母、伊賀国山田郡出身の采女伊賀宅子の例から推測するに、おそらくは天皇の愛妾となったことによるのではなかろうか。宝亀年間（七七〇—七八一）当時の天皇は、それまでの天武系の皇統が絶え、久々に天智系から六二歳という高齢で即位した光仁天皇であった。

郡司は原則として世襲の職であったから、金刺舎人氏のこの地位は郡（当初は「評」）制が成立した七世紀後半以来踏襲されていたものとみられ、善光寺は同氏によって建立されたと推測してさしつかえないだろう。こうした郡寺は天武・持統朝の仏教奨励策によって建立されたとみられることは前述したが、造営費用の大半は郡領層の私財が充てられたことが想定されるから、基本的には彼らの氏寺（私寺）の性格が強かったと考えられる。実際、檀那であった当時の郡領層もそのように認識していた節があり、寺院の財産を勝手に流用するようなこともしばしばあったようである。しかし、八世紀中頃に諸国に国分二寺が創建されるまでは、こうした郡寺で国司らによる法会・仏事が行われていた形跡もあり、ある程度は公的な役割を帯びていたことが推定できる。成立当初の善光寺は、こうした郡領層の氏寺的な性格の濃い、いわば半官半民の寺であったとみることができるだろう。

表1　各郡の郡領氏族と定額寺の関係

郡	郡領氏族	定額寺名
佐久	？	妙楽寺
小県	他田舎人	
高井	？	
水内	金刺舎人	善光寺？
埴科	金刺舎人	屋代寺
更級	？	安養寺
安曇	？	
筑摩	他田舎人	錦織寺
諏訪	金刺舎人	
伊那	金刺舎人	寂光寺

ところで、金刺舎人氏は信濃国ではこのほかに伊那郡・諏訪郡・埴科郡の郡領、また同族の他田舎人《おさだのとねり》氏は筑摩郡・小県郡の郡領を勤めていたことが確実で、この両氏だけで信濃国内一〇郡のうち、少なくとも六郡の郡領を勤めていたことが残された史料から判明しているが（**表1**）、これは両氏が科野国造の系譜を引く氏族であったからである。

信濃国の郡領層の系譜

わが国に中国の政治制度である律令制が導入される以前の大和政権のもとでは、地方の豪族である国造が支配する農民たちの一部が、御名代部《みなしろべ》と呼ばれた大王の私有民の集団に指定され、種々の貢物や労力を提供する制度があった。それらのうち、主として大王の側近として仕え、宮殿の警護などを任務とした者たちは舎人と呼ばれたが、「金刺舎人」「他田舎人」という氏姓は、それぞれ欽明天皇の皇居である磯城島金刺宮《しきしまのかなさしのみや》と、敏達天皇の皇居である訳語田幸玉宮《おさだのさちたまのみや》に仕えたことに由来するものと考えられている。もっとも、この舎人の制度については研究者の間で見解が分かれており、畿内政権が各地に経済基盤として設定した集団（舎人部）の、現地における貢納責任者であるとする見方もある。いずれにしても、舎人の集団は東国に広く置かれて畿内政権の軍事的基盤としての役割を果たしていたことは確かで、とりわけ「科野」出身の舎人たちは騎馬の技術に練達しており、天智天皇亡き後に皇位継承をめぐって起こった六七二年の壬申の乱に際しては、大海人皇子（後の天武天皇）軍を勝利に導くのに多大の貢献をした形跡がある（『釈日本紀』所引『安斗智徳日記』）。

舎人制度の仕組みは、その後の奈良時代の律令制のもとでは、郡領層の子弟を都の警備を担当する「兵衛」として貢上させる制度として引き継がれたが、とりわけ信濃国では金刺舎人・他田舎人両氏の一族出身者の中央政府での活躍を、その後も史料からうかがうことができる。そうした両氏の活躍がピークに達したのは九世紀中頃の貞観年間（八五九―八七七）であった。

この時代は藤原良房が甥にあたる文徳天皇、ついで外孫にあたる清和天皇を即位させたうえで、人臣最初の摂政として政権を握っていた時代である。その足がかりとなったのは、承和九年（八四二）に皇太子恒貞親王を廃するとともに、親王の側近で良房の政敵でもあった大納言藤原愛発や中納言藤原吉野らを失脚させるために仕組んだ陰謀事件、いわゆる承和の変である。当時良房が基盤としていたのは右近衛府だが、ここに出仕してクーデター事件に貢献したとみられる人物が、信濃出身の金刺舎人貞長と他田舎人直利の両名であった。二人はともに近衛府の三等官である右近衛将監に任官しているが、それのみではなく、地方出身者としては破格ともいうべき朝臣の姓を賜るとともに、外従五位下に昇叙されている。その端緒となったのは、承和の変の際の論功行賞によるものであった可能性が高く、最終的にはそれぞれ三河介と下野介という国司の次官に補任されるまで栄達を遂げている（以上『日本三代実録』）。

4　九—一〇世紀頃の信濃と善光寺

定額寺に列格した可能性

この間に注目されるのは、両氏の同族である信濃在住の郡領らも同様に官位が昇叙され、また一族に関係ある寺院や神社が優遇されていた事実である。とくに神社のなかでは、諏訪郡に鎮座した建御名方富命彦神（現在の諏訪大社の祭神）の位階が著しく上昇し、貞観九年（八六七）には従一位、同時に妃神の八坂刀売命神は正二位に至っている（**表2**）。

同じく『日本三代実録』によれば、貞観八年（八六六）には金刺舎人・他田舎人氏の一族が郡領を勤めていた伊那・筑摩・埴科の三郡に更級・佐久の二郡を加えた、都合五郡に所在した五か寺（それぞれ寂光寺・錦織寺・屋代寺・安養寺・妙楽寺）が同時に定額寺に列格した。定額寺はもともと地方豪族の代表である郡領層が建立した氏寺、すなわち、前述した七世紀後半に成立した郡寺に由来する寺院が多かった（**表1**）。「定額」の語義は朝廷から寺額を与えられたことに起因するという説が有力だが、このことは国家が私寺に保護と統制を加えて官寺の扱いをしたことにほかならない。その歴史的意義は、奈良時代に創建された国分二寺を維持していくことが困難になりつつあった当時、小規模の既存寺院を官寺化することで諸経費を節減し、公的な祈禱や法会を執行させようとしたことが背景にあったと考えられている。

また、藤原良房政権は地方豪族の優遇策を図っており、その一環として地方寺院の定額寺化を積極的に推進したとする見方もある。いずれにしても、こうした信濃国内の寺社の待遇の変化は、朝廷に出仕していた先の金刺舎人・他田舎人両氏の立身出世と連動しており、彼

表2　貞観年間における金刺舎人・他田舎人両氏の栄達と信濃の動向

貞観元年（八五九）一月二七日	建御名方富命彦神が従二位、八坂刀売命神が正三位を授かる。
同年二月一一日	建御名方富命彦神が正二位、八坂刀売命神が従二位を授かる。
貞観四年（八六二）三月二〇日	埴科郡大領金刺舎人正長と小県郡権少領他田舎人藤雄が外従五位下を授かる。
貞観五年（八六三）九月五日	右近衛将監金刺舎人貞長が太朝臣の姓を賜わる。
貞観八年（八六六）一月七日	右近衛将監他田直利世と太朝臣貞長が外従五位下を授かる。
同年二月二日	寂光寺（伊那郡）・錦織寺（筑摩郡）・安養寺（更級郡）・屋代寺（埴科郡）・妙楽寺（佐久郡）が定額寺となる。
同年閏三月一七日	他田直利世が朝臣の姓を賜わる。
同年六月一日	武水別神（更級郡）が無位から従二位を授かる。
貞観九年（八六七）一月一二日	太朝臣貞長が三河介、他田朝臣利世が下野介に任ぜられる。
同年三月一一日	建御名方富命彦神が従一位、八坂刀売命神が正二位を授かる。

らの仲介なしに行われたとは考えにくいだろう。

ところで、上記の記事に見える信濃五か寺のなかには善光寺は含まれていないが、郡寺に起源を有する善光寺も当時、定額寺に列していた可能性がある。その点は以前から指摘されていたことだが、その根拠とされていたのは、現在の善光寺の山号が「定額山」であることから、これをかつて定額寺であったことの名残りではないかとするものであった。ただ、この説の難点としては、地方寺院の山号は一般には鎌倉期頃から徐々に現れることである。しかも、永正一五年（一五一八）に能登国守護畠山氏のもとに滞在中の冷泉為広が善光寺を参詣した際には、その四門に「両界山」「海中山」「不捨山」「雲竜山」の寺額が掛けられていたと記しており（『為広能州下向日記』）、「定額山」の山号が見えるのは、ようやく近世に入ってからであることである（『善光寺道名所図会』、『信濃奇勝録』など）。こうしてみると、山号の点だけでは根拠としてはやや薄弱であろう。

しかし、後述のように、平安時代には善光寺は国衙や歴代の国司から寄進されたと推定される寺領を有していたことが知られ、この事実は定額寺に列していたことの反映ではないかともみられる。というのは、定額寺の待遇として修理料や灯分料の名目で国家、実際には国衙から官稲を支給され、これがやがて田地に替えられたと推測されるからである。定額寺については、中央の記録に残されていなくても、実際には列格したことが推定できる事例は他にもあり、善光寺が定額寺であったと想定することはそれほど無理ではない。いずれにしても、これまでも見てきたように、金刺舎人貞長と他田舎人直利が郷里であった信濃国の寺社の顕彰にも熱心であったと思われる点からして、善光寺のことが都でも知られるようになったのは、この貞観年間頃が最初ではなかったかと思われる。

仁和の洪水と善光寺の移転

次に、前に保留しておいた善光寺の移転問題とその背景について、その見通しをここで述べておきたい。善光寺が創建時の場所から移転したと想定すると、七世紀後半の特徴である川原寺式の軒丸瓦が、現在の善光寺の境内周辺から発見されている事実と矛盾するのではないか、という疑問が当然出されよう。たしかにそのとおりだが、既述したようにこれまで採取されている瓦は、水道工事の際に本堂床下から偶然発見されたといった具合で、正式の発掘調査に伴って出土したものではない。このため、創建時よりものちになって、何らかの事情で他の場所から土砂とともに運ばれたものではないかといった説も、早くから提起されていた。

その可能性が十分にあることは、前述した大本願明照殿の建て替え工事に伴う発掘調査で出土した、単弁六葉蓮華文の軒丸瓦片を含む瓦包含層が、傾斜地を均すために他の場所から運ばれてきた瓦によってできたものと推測されていることからもうかがわれる。また、仁王門東地点の遺跡からは、漆喰の壁片や塑像の断片と思われるものが検出されたことは前に触れたが、これらも最近の分析により七世紀末頃の遺物である可能性が指摘されており、同様に旧地から運ばれた土砂に含まれていたものとみることができるだろう。そして、こうした事情が生じたのは、現在の善光寺の境内は丘陵地の斜面に当たり、移転再建時にはそこを削平して造成されたことによると考えられる。そのことは境内東側を通る道路が、今日でもかなりの急坂である点からもうかがわれるところである。

そこで、現在地〈厳密には宝永二年〈一七〇五〉の建替え時まで所在した、仲見世通りのある元善町付近〉に移転したのは、いつ、どのような事情によるものかという点が次の問題となる。その有力な背景として考えられるのは、仁和四年〈八八八〉の五月八日〈太陽暦で六月二〇日に該当〉に東北信地方を襲った大洪水、いわゆる「仁和の洪水」である。この時の被害状況については、宇多天皇が救済策を講じた詔が残されており〈『類聚三代格』〉、おおよその様相をうかがうことができる。それによれば、山の崩落によって河川が氾濫し、「六郡」の百姓らに多くの水死者が出たばかりでなく、牛馬や家屋などもことごとく流没するという甚大な被害をもたらしたとある。文面には河川の名称や郡名は明記されていないが、信濃国内の河川で六郡を貫流するのは千曲川をおいてほかになく、したがって、六郡とは佐久・小県・水内・高井・更級・埴科の各郡に該当する。

この洪水の原因については近年、自然災害への関心が高まるなかで、飛躍的に研究が進展した。その先鞭を付けたのは地質学の河内晋平氏で、松原湖が「大月川岩屑なだれ」と呼ばれる八ヶ岳の山崩れ堆積物から生成されていることに着目して、湖畔の地層中から採取された木片から、放射性炭素年代測定法によって九五〇±九〇年という測定値を割り出し、これをもとに仁和四年における八ヶ岳の天狗岳から根子岳にかけての大崩落が原因となって千曲川がせき止められ、それが決壊して大洪水を引き起こした可能性を主張した。その後、奈良文化財研究所の米谷拓実氏らが、松原湖の堆積層から見つかった埋もれ木が、年輪年代法によって八八七年に特定できることを突きとめたのが画期となり、近年の歴史地震の研究の進展と相俟って、八ヶ岳の大崩落の原因は仁和三年（八八七）に発生した南海トラフ地震によるもので、それが翌年の梅雨時における大洪水の発生因となったとみるのが、現在ではほぼ通説となりつつある。

この時の洪水は、千曲市の屋代遺跡群や更埴条里遺跡などから検出された砂層（**図8**）の年代とも一致するという、考古学上の所見からも立証されているが、これによれば、洪水がもたらした砂層は深いところで二メートル近くにも達していたことが判明している。このほか、千曲川の自然堤防上にある篠ノ井遺跡群などでも、この被災によって集落が埋没した形跡が確認されている。ちなみに、江戸時代の例だが、寛保二年（一七四二）のいわゆる「戌の満水」と呼ばれる大洪水では、現在の長野市赤沼地区の水位が五メートル以上に達したとの記録がある。古代の水内郡家の所在地は千曲川の流域からはやや離れており、現長野市の中心市街地周辺での調査事例では、これまでのところ、洪水砂は確認されていないが、仁和四年の洪水は天候不順の上に梅雨の時期とも重なったことで、犀川やその支流である裾花川にも水位の上昇による「越水」をもたらし、この地域にも甚大な被害が及んだことは十分に考えられるのである。

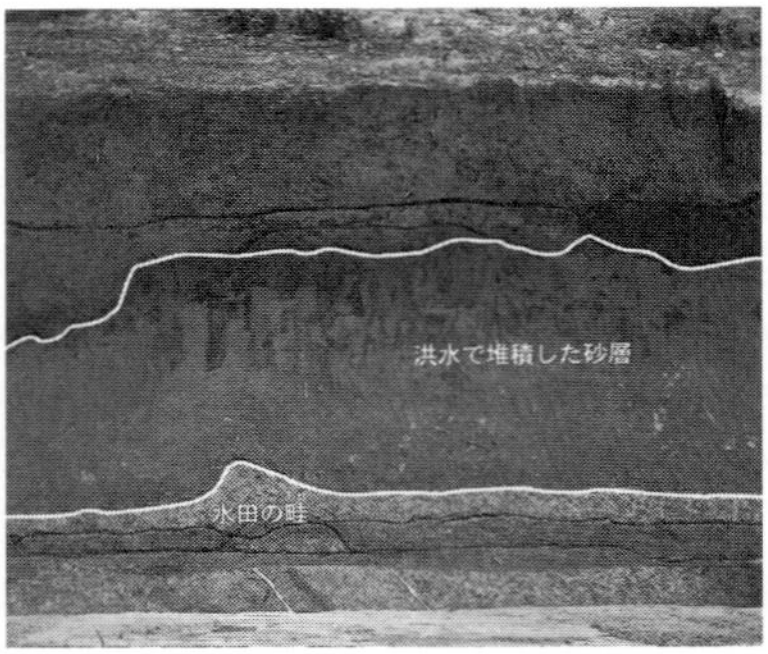

図８　仁和４年（888）の洪水で堆積したとみられる屋代遺跡群の砂層

初出史料の『僧妙達蘇生注記』

善光寺のことが見える最古の文献として知られるのは、今のところ一〇世紀中頃の成立と推定される『僧妙達蘇生注記』である。同書は出羽国田川郡龍花寺の僧妙達が、天暦五年（九五一）に図らずも入定したが、生前に『法華経』を読んでいた功徳により七日七夜でこの世に送り返され、閻魔大王から見聞した今は亡き人々の生前の行いと死後の果報について語るという、蘇生譚の一種である。ここに登場する八十余名の人物の一人に信濃国水内郡善光寺の僧真連が見え、「善光寺本師仏」の花・米・餅・油を私用したために、その報いとして面の八つある三丈五尺の大蛇に生まれ変わったとある。『日本霊異記』所載の説話と共通する典型的な因果応報譚で、これは蘇生譚と同様に平安初期に流行した仏教説話物のスタイルだが、本文中に登場する者のほとんどは、実在の人物であったことが明らかにされている。とりわけ主人公の妙達は、延暦寺の僧で平将門の乱の際に調伏法を行ったことで知られる、明達律師がモデルであることが有力視されているから、善光寺の僧真連のことも何らかの典拠によったものであろう。

なお、同書の唯一の伝本であった、天治二年（一一二五）書写という奥書のある黒川氏蔵影写本（『続々群書類従』所収本）は現在所蔵先が不明である上に、東寺観智院旧蔵本『三宝絵』に引用される同書の一異本の当該箇所では、「善光寺」ではなく「サウセ寺」となっているため、とりわけ後者の点から『僧妙達蘇生注記』の記事自体に疑いを挟む見解もある。

しかし、東寺観智院旧蔵本以外の『三宝絵』諸本には異本の引用がないこと、さらに前者の異本の部分には、流伝する間に地名や人名が不明になるまで表現が変化してしまった箇所が多いことが指摘されており、やはり黒川本の「善光寺」が当初の記事を伝えているものとみてさしつかえないだろう。

そこで、あらためて『僧妙達蘇生注記』の記事を見ると、注目されるのは善光寺の仏像が「阿弥陀如来」ではなく、「本師仏」とだけ記されている点である。「本師仏」の語はのちに善光寺如来（阿弥陀如来）のキャッチフレーズの一つとなるものだが、原義は「教えの本当の師匠」といった意味である。経論では「歴史上の人物としての釈迦」もしくは「釈迦如来」の意味で使用されており、阿弥陀如来を指す用例は見当たらないようである。善光寺の本尊は、印相の点から釈迦如来として造立されたのではないかとする美術史家の説は早くからあり、その可能性を否定できない理由はこの点にある。

その後、「本師仏」は転じて「自分が頼みとする仏像」といった意味で用いられるようになるが、後述するように「善光寺縁起」では「最初の仏」という独自の意味で使われている。『僧妙達蘇生注記』の上記の使用例はどのような意味なのかは不明だが、同書の文中には「極楽浄土」に生まれ変わったとされる人物は皆無であり、西方極楽浄土の思想や阿弥陀信仰の影響はまだうかがえないことは確かである。このことは、当初の善光寺の性格を考えるうえで見過ごせない点であろう。

極楽浄土への信仰に先行したのは兜率天、すなわち弥勒浄土への信仰である。同書にはそうした例が多いが、そのなかに信濃国内の僧がもう一人登場する。清水寺の利有なる僧で、金泥の一切経を奉納した功徳によって「兜率天内院の獅子座」に生まれ変わったとある。善光寺の真連とは逆に、生前の作善によって弥勒菩薩の住む国の最高位に至ったというのだが、この清水寺は高井郡の清水寺（現長野市若穂保科の清水寺《せいすいじ》）、もしくは埴科郡の清水寺（現長野市松代町西条の清水寺《せいすいじ》）のいずれかと考えられる。両寺はいずれも郡寺ではないが、それと同様に地方豪族層が建立したとみられる寺院であった。『僧妙達蘇生注記』の記事は、西方極楽浄土への信仰が高揚する以前、換言すれば霊場寺院化を遂げる以前の、地方寺院の様相を垣間見せる史料として貴重である。

5　園城寺の末寺化と地方霊場への発展

郡領層の没落と新たな存続への道

郡領層は一般に一〇世紀頃までに没落していくが、信濃国の場合も例外ではなかった。信濃第一の豪族として、あれほど強盛を誇った金刺舎人・他田舎人の一族も、この時期になると郡司としての活動も、また都での動静も、史料上からはほとんど姿を消す。古代の地方寺院は定額寺に列格したような例も含め、檀那であった地方豪族の消長と運命をともにすることが多かったから、全国に多数存在していた郡寺などの官衙隣接寺院は、そのほとんどがこの頃までに廃寺となっていったとみられている。

こうしたなかで、善光寺がその後も存続することのできた理由を直接うかがわせる史料や遺物は残されておらず、一〇―一一世紀は善光寺史のいわばもっとも空白の時代と考えられてきた。しかし、その点についても、当時の仏教界の動向と照らし合わせることによって推察することは不可能ではない。というのは、この当時の地方寺院が生き残るための条件は、経営を維持するための独自の経済基盤を有していたかどうかにかかっていたからである。

鎌倉初期の史料ではあるが、『吾妻鏡』文治二年（一一八六）二月条に引かれた文書（「関東知行国々内乃貢未済庄々注文」）には、平安時代の間に獲得したとみられる善光寺の所領が記載されている。それには二種類があり、一つはたんに「善光寺」と表記された地種で、これは寺辺に散在した田畑のことであろう。もう一つは「善光寺領」と記載された、河居郷（現長野市川合）・馬島郷（現長野市真島）・村山郷（現須坂市村山、長野市村山）・吉野郷（古野郷の誤写とみられ、のちの布野、現在の長野市柳原にあたる）の四か郷である。これらはもとはいずれも公領（国衙領）だが、前者の寺領が定額寺の列格に伴って与えられた、灯分料や修理料に由来する可能性のある所領であるのに対して、後者はその後に、国司などの保護によって新たに寄進された所領と考えられる。

以上のような善光寺領の成立は、平安時代中頃まで遡りうるとみられるが、在地にこうした寺領を獲得し、国分寺に代わるべき地方有力寺院に成長しつつあったことは、やがて中央の権門寺社から注目を浴びる結果につながった。そのことは善光寺のような地方寺院にとっては延命策になるとともに、古代的な郡寺から脱皮して、霊場寺院へ発展する足がかりともなったのである。

中御門宗忠の日記、『中右記』の永久二年（一一一四）五月九日条に、法勝寺の境内で善光寺別当の従者らが濫行を働いたことが記されているのは、平安期における善光寺の数少ない確実な史料の一つである。法勝寺は京都岡崎に天皇家を檀那として建立された御願寺で、六勝寺の一つであったから、当時、善光寺別当には中央仏教界の僧が任命されていたことが、ここに示されている。中央の権門寺院が地方寺院の別当職を得ることや、あるいはその補任権を掌握することは、本末関係を結んだ寺院間で普通に見られた現象であった。したがって、遅くとも一一世紀末頃までには、信濃善光寺は中央の権門寺院の末寺となっていたことが判明する。

この当時の本末関係は、近世初頭に江戸幕府の宗教統制によって確立する宗派や法脈を基軸とするそれとは異なり、荘園制に準じた経済的な領知関係を本質とするものであった。すなわち、本寺は末寺が在地に有したもろもろの既得権益を保障する見返りに、末寺は本寺に一定の年貢を納入する義務を負っていたから、これは一種の相互依存関係であったといってもよい。一一世紀後半から一二世紀中頃にかけての院政期は、中央の権門寺社による荘園支配体制が確立する時期であり、こうした地方の有力寺社の末寺末荘化は、その一環として行われたものであった。

ところで、前引の『中右記』の記事には別当の僧名や所属寺院が記載されていないため、この時点における善光寺の本寺を確定する手がかりを欠いているが、前にも引いた『吾妻鏡』所載の文治二年の注文には「三井寺領　善光寺」と見えるから、平安末期までに天台宗寺門派の拠点、近江園城寺（三井寺）をその本寺（本所）としていたことが知られるのである。

石清水八幡宮寺との関係

しかし、『中右記』に次ぐ善光寺別当の所見史料である、『長秋記』元永二年（一一一九）九月三日条によると、一時期、石清水八幡宮寺（護国寺）の末寺であった可能性がある。同書によると、この日、鳥羽天皇の皇后藤原璋子（待賢門院）は、日記の筆者で皇后宮職の大夫（長官）であった源師時を始めとする公卿、そのほか下官・女房らを従えて京都の鳥羽を出て、摂津の大阪湾に面した江口・神崎で遊女たちを伴って船遊びをすることがあった。この時、面々が分乗した船には「善光寺別当清円船」「円賢弥勒寺別当船」「八幡別当光清船」「上野前司実房船」などがあったと記されている。

光清については「八幡別当」とあるが、彼を含めて船を提供した三人は、いずれも石清水八幡宮寺の僧であったことが、『石清水祀官系図』や『僧綱補任』（水戸彰考館本）などによって判明する。すなわち、光清は康和五年（一一〇三）に二五代の別当に補任されており、円賢も天仁二年（一一〇九）に八幡権別当に補任されたことが知られる僧である。「弥勒寺」は豊前国宇佐八幡宮の別当寺で、この寺の長官は通常は講師と呼ばれ、もともと本寺である石清水八幡宮寺の僧が兼任することが慣例となっていたのである。肝心の「善光寺別当」を称している清円だが、前掲の『石清水祀官系図』によれば、はたして光清の前任の第二四代の八幡別当として所見されるのである。

　問題は同書によると、清円はすでに康和五年一二月に六七歳で入滅したと記されていることで、この点は『中右記』の記事でも確認される（ただし七〇歳とある）から、元永二年当時は故人であったことは事実であろう。しかし、前引の『長秋記』の記事は船の所有者名を記したもので、光清らが船遊びに参加していたわけではなかったから、清円が故人であったとしても矛盾はない。ただ、その場合、「前善光寺別当」とか「故善光寺別当」と表記されなかった点にやや疑問が残るものの、この前後の時期に「清円」なる僧名はほかに所見されないため、同一人物とみてほぼ誤りないと思われる。

　このような視点に立つと、清円の善光寺別当の存任時期は康和五年以前に遡り、その当時、善光寺は石清水八幡宮寺の末寺であった可能性が高いのである。なお、石清水八幡宮寺の有力僧たちがおのおの船を所有していたのは、同寺が立地する男山が木津川・桂川と宇治川

（淀川）の合流地点に位置していて、船便を利用することが多かったことによるものとみられるが、一方、都の貴族たちにとっても、石清水参拝を済ませたあとに大阪湾岸方面に向かうには、ここで船を借りて乗船するのが好都合であったようである。

ところで、善光寺が石清水八幡宮寺の末寺となった背景には、その有力な荘園が善光寺と至近の距離に位置していたことが関係していたのではないかと推測される。それが更級郡の小谷荘（現千曲市八幡の周辺）で、信濃国内で確認できる唯一の石清水八幡宮寺領であった。水内郡の善光寺とは所属する郡は異なるものの、同荘の中心部から善光寺までは直線距離にして一八キロメートルほどである。この荘園は一〇世紀初めにできた『古今和歌集』以来、月の名所として有名になっていた姨捨山（現在の冠着《かむりき》山）山麓に位置していたが、律令制下には越後国に至る東山道の支道が通過し、付近には更級郡家も所在していた。姨捨山が都にも知られる歌枕の地になったのも、中央と地方とを直結する官道に沿っていて、旅行く人々の目印になっていたためと思われるが、小谷荘はまさにこうした交通の要衝の地を含む荘園であった。

この荘園で注目されることが二つある。一つは石清水八幡宮寺の別当職に相伝された所領であったことが、のちの史料から推察されることである。それは、応長元年（一三一一）に

図９　社宮司遺跡から出土した六角木幢（レプリカ）

八幡宮寺検校の善法寺尚清が権別当の康清に所職を譲与した際の処分状（菊大路家文書）で、これには「別相伝領」として一五か所の所領が列挙されており、その中の一つに小谷荘が見えるのである。別当の上官としての検校職が常設の役職となるのは鎌倉時代で、当初は別当の権限を継承していたとみられる。全国に多数の寺領を有した荘園制下の権門寺院では、個々の荘園からの収入を内部の役職や諸堂舎・仏神事などの用途ごとに配分するのが通例であったから、上記の事実は小穴荘が石清水八幡宮寺の別当領として設定された、いわば別当職の「渡領《わたしりょう》」であったことを推測させる。このように考えると、善光寺別当であった清円は、現地に下向することはなかったにしても、ある時期には当荘の領主であった可能性も否定できないのである。

もう一つは、近年この荘域内にあたる社宮司遺跡から、全国的にも稀有な、平安末期頃の製作と推定される六角柱の建造物が出土したことである。全長は推定で一八〇センチほどの木製品で、現在「六角木幢」と呼ばれているのがこれである（図9）。これを幢とみてよいのか、それとも笠塔婆に分類すべきかについては議論の余地もあるが、注目されるのは六角柱のおのおのの面に阿弥陀仏が隙間なく描かれており、浄土思想の産物であることを如実にうかがわせる点である。一一世紀には貴族社会で八幡神の本地は阿弥陀如来であるとの説が広まり、石清水八幡宮寺でも不断念仏会が執行されていたように、浄土信仰は広範に受容されていたが、都から離れた僻遠の地にこうした浄土教信仰の受容を示す仏塔が造立された背景には、やはり現地での善光寺との関係を抜きにしては考えがたいのである。

すなわち、小谷荘は東山道を経て善光寺を訪れる人々にとっては最後の中継地点に位置していたから、阿弥陀如来の霊地まであと一歩であることを示す、道標の意味で建てられたとの見方もできるだろう。後述のように、この少しあとに善光寺を実際に訪れた園城寺の覚忠も、姨捨山の月を眺めるため、この地に宿泊した形跡がある。善光寺の末寺化をめぐっては、最初にまず石清水八幡宮寺領になったのか、あるいは園城寺領が先行して一時的に石清水八幡宮領になったのか、必ずしも明確ではないが、仮に前者とすれば、その位置関係からして、同寺は小穴荘の現地支配を展開する過程で、近在の善光寺の存在に注目し、積極的にその所領（末寺）化を図ったことも想定されるのである。

寺門派における善光寺別当

以上のように、善光寺が一時期、石清水八幡宮寺を本寺としていたことはほぼ疑いないのだが、その関係はそれほど長くは続かなかった。前引の『長秋記』の記事によると、清円の船については「伝平等院、所供儲也」との注記が見えるが、これは平等院が協力して準備したと解釈されるから、彼の船はその死後に宇治平等院の所有となっていた点とともに、善光寺の別当職も平等院関係の僧に移っていたことを示唆している。すなわち、善光寺が平等院の本寺でもあった園城寺の末寺となったことをうかがわせるが、じつはそのことを明確に示すのが、『四天王寺別当次第』（四天王寺本）の記事で、元永元年（一一一八）に四天王寺別当に補任された行尊の項には次のように見える。

平等院権僧正行尊
元永元年戊戌五月廿九日任　同六年六月八日先使下
執行寺主実順、永順嫡子、同十六日初参、同二年正月廿一日拝堂、
治十八年、権別当兼惣目代善光寺別当聖厳

行尊は当時、園城寺長吏であったことが知られるが、ここでは「平等院権僧正」の肩書きで記載されており、これは平等院の寺務管理者である執印職をも兼任していたことを示すものである。さらに末尾には、行尊が一八年間に及ぶ四天王寺別当の在任中に、同寺の権別当と惣目代を勤めていたのが「善光寺別当聖厳」と記されていることである。聖厳については伝不詳だが、おそらくは行尊の弟子で側近に仕えていた僧とみられる。以上の点から、この当時、善光寺が平等院や四天王寺とともに、寺門派の拠点である園城寺の末寺となっていたことが判明するのである。年代的に見て、おそらく聖厳は清円の後任の善光寺別当ではなかろうか。ちなみに、平等院は藤原頼通が別業の地に創建した際に、前園城寺長吏の大僧正明尊を執印に招いたという経緯があり、鎌倉初期に天台座主慈円が補任されたことで山門・寺門両派の争奪戦の対象となるまでは、園城寺の別院のような存在であった。

ところで、平等院と同じ山城国宇治郡に所在した摂関家の氏寺で、一門の墓寺の役割を果たした木幡浄妙寺（寺址は宇治市木幡赤塚）は、やはり寺門派の有力寺院であったが、『石清水祀官系図』によると、清円の師主は同寺の住僧の静円僧正（藤原教通の息）であったことがわかる。園城寺が先行して善光寺を末寺化していたとすれば、石清水八幡宮寺僧である清円が善光寺の別当職を得たのは、直接的にはこうした師弟関係が媒介となったことが推測されよう。当時、園城寺と石清水八幡宮寺が、僧の交流にみられるように親密な関係を有していたのは、両寺が山門に対して利害を等しくしていたという背景があった。その点は、長治元年（一一〇四）に、石清水八幡宮寺が支配してきた筑前国大山寺が、延暦寺の悪禅師法薬のために実力でその末寺とされたことや（『中右記』）、仁平二年（一一五二）には園城寺の配下にあった越前国平泉寺が、住僧の抵抗を機にその支配権を延暦寺に奪われたりしたこと（『台記』）などからうかがうことができる。

じつは石清水八幡宮寺の内部では当時、寺内の主導権をめぐって創始者行教の一族である紀氏系と、豊前国の領主層出身で宇佐弥勒寺を経て石清水八幡宮寺内に進出した元命の系統との間で、熾烈な派閥抗争が惹起していた。清円の祖父に当たるのが第一九代別当の元命であったのに対して、光清の祖父兼清は、紀氏出身でありながら別当に就任できなかったことで、恨みの詞を残して命を絶つという不遇の死を遂げている。その子の頼清（光清の父）は山門に近づき、比叡山横川の頼源大僧都を師主として出家しているが、これはそのことに関係しているとみられる。その後、頼清が第二三代別当に補任されたことで紀氏系が復権を遂げ、清円の跡を受けて光清が二五代別当に就いたあとは、紀氏一族による支配が定着し、やがて清円の門流は寺内の要職から排除されていったことが知られている。その一方で、清円の有した善光寺別当職が石清水八幡宮寺の寺僧に引き継がれなかったのは、光清が山門派と目されたためであろう。しかし、組織全体として見ると、石清水八幡宮寺は園城寺と共同戦線を張ることが多く、比叡山延暦寺とは緊張関係にあったことは疑いないようである。

いずれにしても、そうした諸寺間の抗争のなかでも、とりわけ天台宗内の山門派と寺門派の対立が頂点に達し、それが寺領獲得競争に反映された時期が、この一二世紀前半であった。延暦寺はこの間に、平泉寺のほか祇園感神院や加賀白山寺などを次々と末寺化しているが、信濃では戸隠顕光寺がその支配下に入ったのもほぼ同じ頃とみられる。一方、園城寺も『三井続灯記』などによると、紀伊粉河寺・近江梵釈寺・同崇福寺・出羽四王寺など多くの地方寺院を傘下に入れつつあったことが知られるが、こうしてみると、園城寺による善光寺支配は、まさに延暦寺とのしのぎを削る競望の結果であったことが理解されるのである。以後、善光寺は室町時代中頃まで、ほぼ園城寺の末寺として続いていたことが確認できる。

6　地方霊場への発展と浄土思想

覚忠の善光寺参詣

平安時代に遠隔地から善光寺を参詣した宗教者として、四巻本『善光寺縁起』には性空（九一〇?―一〇〇七）が早い例として登場する。性空は諸国の山岳霊地を遍歴するとともに、播磨国の書写山（兵庫県姫路市）に籠居して円教寺の基礎を築いたことで知られる法華持経者だが、東国まで足を延ばしたかどうかは他の史料で確認が取れないため、その真偽は不明である。また、実睿編の『地蔵菩薩霊験記』には、延暦寺千手院の蔵円が善光寺に参詣し、そのあと寺内に居住したという興味深い記事が見える。千手院とは正しくは山王院（その本堂が千手堂）のことだが、ここは円珍ゆかりの寺院で、比叡山における智証門徒（のちの寺門派）の拠点であった。したがって、これが事実とすれば、善光寺が園城寺の末寺となった時期の下限を推測する手がかりとなりうるものだが、残念ながら蔵円の事績や生没年が不詳であるために、参詣した時期を探る手がかりを欠いている。

そうしたなかで、参詣の背景や目的がある程度知られる早い例が覚忠と重源である。とりわけ寺門派の僧侶で、のちに園城寺長吏を勤める覚忠（一一一八―七七）は、今のところ、著名な人物で確実に善光寺を参詣したことが知られる最古の例である。覚忠は関白藤原忠通の子で、九条兼実や慈円とは三〇歳以上も年の離れた兄として知られるが、彼にはさらに兄がいた。のちに興福寺別当となる恵信である。つまり、忠通の長男、次男が揃って出家していたのである。当時は公卿の子弟でも仏門に入るものは少なくなかったとはいえ、これは明らかに異例で、その背景には忠通が父忠実に疎んじられ、やがて氏長者も弟の頼長に奪われるという、摂関家の内紛が関係していた可能性が高いだろう。

その覚忠が善光寺を訪れたことは、文永二年（一二六五）藤原為家らが撰進した『続古今和歌集』八七六番歌に、次のような歌が収められていることからうかがうことができるが、これも善光寺が園城寺の末寺となっていたことと無縁ではない。

善光寺にまうでける時、をばすて山の麓に宿りてよみ侍りける

前大僧正覚忠

今宵われ姨捨山の麓にて月待ち侘ぶと誰かしるべき

もっとも、信濃国更級郡の姨捨山は当時すでに、歌枕として都に知れ渡っていたことや、覚忠自身も前述したとおり貴種の出身で、生涯に園城寺長吏や平等院執印などの寺門派諸寺の長官や、官僧の監督を司る法務などの要職を歴任し、最後は大僧正の位に至るなど、仏教界の頂点に立った学僧であることなどから、これは都にいながら歌会等で詠んだ歌で、実際に善光寺を参詣したかどうか疑問視する向きもあるかもしれない。

しかし、『寺門高僧記』などの園城寺関係の伝記によると、覚忠は一方で西国三十三所の巡礼を行った最初の確実な人物として知られ、『千載和歌集』の釈教歌の部には、「三十三所の観音をかみ奉らむとて、所々まゐり侍りける時、美濃の谷汲にて油を出づるを見てよみ侍りける」という詞書を有する歌も採録されている。「谷汲《たにぐみ》」とは谷汲山華厳寺（岐阜県揖斐郡揖斐川町）のことで、現在は三三番目の結願札所となっているこの寺は、境内から油が湧出したという伝承があって、早くから霊場化していた。その当時はまだ、現在のような巡拝の順が定着していたわけではなかったが、覚忠が当寺に立ち寄ったのは、おそらく善光寺へ向かう途次のことではなかったかと思われる。

また、前にも触れた一二世紀初めに園城寺長吏を勤めた行尊は、「難行苦行霊験者」で役行者の後継者と称されたとあり、さらに覚忠とほぼ同時代の僧で、上皇の熊野臨幸の先達を二〇回も勤めたという覚讃も、「大峰葛城熊野参籠二千日」と見えるように（『寺門高僧記』）、寺門派では長吏職に就任するような高僧は、自らが厳しい荒行の体験を積んでいたことが知られている。同様に大峰山での修行経験のあった覚忠にとっては、善光寺への道のりもとりたてて難儀なことではなかったはずである。

もう一つ、覚忠の善光寺参詣が事実であったことを示す傍証となるのは、京都観修寺に所蔵される、真言系の図像集『覚禅抄』である。同書は鎌倉初期までに成立したと考えられるが、そのなかに「善光寺像」の図も収載され、「善光寺縁起」を簡略した文が添えられている。注目されるのは、この像の裏書に当たる部分に「宇治僧正覚忠件像被奉写之　以彼正本図之」という記載があることである。現存するのは写本だが、編者の覚禅は覚忠が描いた善光寺如来像を実際に目にしたというのである。覚忠がどこでその図を描いたかといえば、信濃の善光寺を訪れた際と考えるのが自然であろう。

この図で特徴的な点は、中尊左手のいわゆる刀印の部分で、人差し指と中指を極端に伸ばし、親指と薬指・小指が接する様を強調するかのように描いている点である（図10）。前述したように、当時の日本にはこれと同じ刀印の仏像は存在しなかった可能性があり、当時の図像集でも目にすることのなかった印相に覚忠は注目したのである。このことは、善光寺の

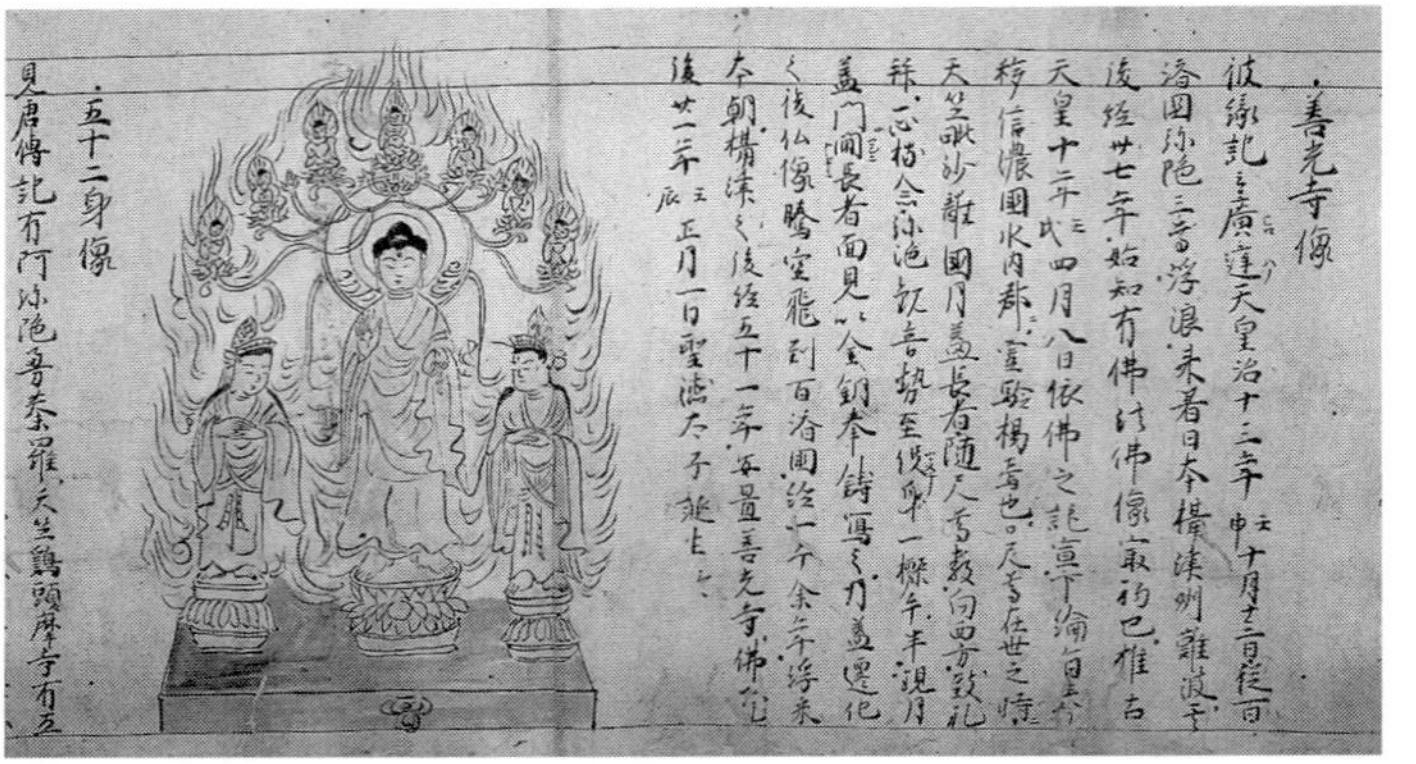

図10　『覚禅抄』所載の善光寺如来像。裏書には覚忠が描いた原図を写した旨が記される。

本尊が霊像として信仰されるようになる発端が、前述したように、この異形の印相にあったことを示唆する点で無視できない。

寺門派と抖擻

一一世紀後半から一二世紀にかけては、一般貴族の間にもようやく畿内近国の寺社を巡拝する風習が盛んとなった時期である。南都七大寺巡りはその代表的なコースで、大江親通の『七大寺巡礼私記』は一二世紀中頃にそうした巡拝の記録として書かれたものであるが、熊野詣や高野詣などの霊場巡りが流行し始めるのもこの頃であった。しかし、西国三十三所の巡礼に限っていえば、当時はまだそれほど貴族層の関心を引かず、宗教者の修行的意義を濃厚に有するものであった。そのことは三十三所のなかには、相当に険難な山中に立地した寺院が多く含まれている点からも推察される。

その最初の難所が当時も第一番であった熊野那智山（青岸渡寺）であるが、前述したとおり、ここは当初、大峰山などとともに寺門派の僧侶たちの修行の拠点となっていた。また、三十三所の中に園城寺やその末寺の粉河寺などが含まれていたこと、とりわけ当時の結願所が寺門派の有力寺院であった三室戸寺であったことは注目される。こうした点は、今日観音霊場の札所となっている「西国三十三所」が、もともと寺門派僧侶の抖擻《とそう》コースとして成立したことを示唆している。

園城寺は、自派の一門が他の権門寺院と異なるのは、顕教・密教に「修験」を加えた三事をもって朝廷に奉仕していることであると、誇らしげに主張しているが（『寺門高僧記』『寺徳集』）、寺門派がこうした後世の修験道につながる抖擻を重視するに至った理由については、これまで必ずしも明確な説明はされてこなかった。しかし、一つの背景としては、開祖最澄が天台学生に義務付けた比叡山での一二年籠山制の実施（『山家学生式』）が、事実上不可能になっていた寺門派僧侶にとって、肉体的鍛錬を伴う山中での抖擻が、それに代わるべき修行の一環としての意味を持っていたことが考えられる。寺門派僧侶の間では当初、善光寺はそうした抖擻コースの延長線上にある寺として意識されていた形跡があり、この時期の覚忠の善光寺参詣は、その実践行が達成された一事例であったとみなすこともできるだろう。

重源の善光寺参籠

このように、善光寺は一一世紀中に園城寺の末寺化したことで、寺門派僧侶の修行先として位置付けられ、同時にその存在は貴族社会にも知られるようになっていったとみられるが、その後、しだいに浄土思想をもった願往生者や念仏聖のような遁世僧も善光寺に訪れるようになった。前に触れた性空などもそうした聖に含めてよい人物だが、確実な例では、のちに東大寺再建の大勧進職を勤めた俊乗房重源（一一二一―一二〇六）を挙げることができる。彼は覚忠とほぼ同時代の人物だが、生涯の事績を自ら書き留めたとされる『南無阿弥陀仏作善集』によれば、平安時代末頃に二度善光寺を参詣したとある。

初度は一三日間に念仏百万遍を唱え、そのうち七日七夜は不断念仏を修したが、さらに参籠中に、如来から勧められるままに金色の舎利を呑む夢を見たと記している。また、二度目には阿弥陀如来像を眼前に見て「竪丈六四体」、すなわち丈六の立像四体を造立したとある。前者の舎利の逸話は中世特有の夢想譚に過ぎないし、後者は重源が模刻像をすでに作製させていたという注目すべき記事だが、それが「丈六」となるとにわかに信じがたい。重源の善光寺参詣については、彼の修した不断念仏が後に念仏堂で時衆が結番するシステムにつながったとか、上記の神秘体験が自らを阿弥陀の化身であると認識する契機となった、といった積極的な評価もなされているが、同書の善光寺参詣に関わる部分は慎重に扱う必要があろう。しかし、重源のような当時を代表する念仏者が、回を重ねて善光寺を訪れるようになった背景には、中央の仏教界における浄土思想の広範な普及とともに、善光寺信仰への急激な高まりがあったことは確かである。

浄土思想の高揚と善光寺信仰

浄土思想や阿弥陀信仰がわが国に入ってきたのは飛鳥時代に遡る。『日本書紀』によれば、舒明天皇一二年（六四〇）には恵隠が『無量寿経』を講説したとあり、天智天皇が母斉明天皇の菩提を弔うために発願した筑紫観世音寺や飛鳥川原寺の西金堂には、阿弥陀如来像が安置されていたのではないかといった説もある。奈良時代に入ると、法隆寺金堂に伝来する厨子入り金銅阿弥陀三尊像（通称「橘夫人念持仏」）が造立されたり、東大寺や法華寺には阿弥陀院が建立されて阿弥陀悔過《けか》が行われたが、後者は光明皇后の発願によるものとされている。したがって、以上のような例は新しい教説の紹介や、特定の個人の信仰に根ざすもので、いまだ普遍的な信仰にはなっていなかった。

ところが、平安中期以降に末法思想の流行に伴って普及した浄土思想は、貴族社会全体に受容されるに至ったもので、その源流は円仁が中国の五台山から伝えた引声《いんじょう》念仏にあり、それを導入した比叡山での常行三昧を起源とする天台浄土教として発展したという経緯がある。智証門徒にもその教説は継承され、覚忠の経歴には「自修阿弥陀護摩十五年」と見えるし、その臨終に当たっては「高声念仏七百余反」を唱えたとあるように(『寺門高僧記』)、阿弥陀信仰や称名念仏は当時、寺門派修行僧の思想や行動と決して矛盾するものではなかったのである。

ただ、天台浄土教はいわゆる本覚思想を肉付けしたものとする理解もあるように、ややもすると修行軽視につながる傾向があった。寺門派はむしろこうした傾向を警戒したようで、肉体的な厳しい修行と念仏を一体化させたところに特徴があるのも、そのことに関係があろう。したがって、当初は易行化された念仏とは一線を画するものであったのだが、次第に寺門派の周辺にも、諸行よりも念仏を重視する風潮は及んできた。四十八巻本『法然上人絵伝』巻四〇に見える、園城寺長吏の公胤が源空(法然)の一向専修の義に論破されるという逸話には、その点が象徴的に示されている。

善光寺信仰が逆に念仏者にも受容されたのは、こうした寺門派僧との交渉も背景の一つであったと思われ、源空の門下からは先の重源だけでなく、やがて多くの善光寺参詣者が輩出してくるのである。しかし、都から善光寺に至る道のりは遠く、現地に赴くこと自体が難行苦行であったから、念仏者にとっても善光寺参詣は修行でもあるという認識が定着することになる。このことがやがて、善光寺の阿弥陀如来は極楽往生に導いてくれるだけでなく、修行を伴うことで、現世における苦しみも除去してくれるという、「現当二世」の救済を特徴とする信仰を生み出すことにもつながったといえよう。

信濃国はかつて、一部の都人からは「無仏世界」と揶揄されるほど（『宇治拾遺物語』）、辺境の地として意識されていた。その東国信濃の一地方寺院が、都まで知れ渡る阿弥陀如来の霊場として成長するには、寺門派の拠点である園城寺の末寺となったことがじつに大きな意味を有していたことは、これまで述べてきたことから明らかだろう。その点に関してもう一つ指摘しておきたいのは、寺門派の組織を媒介とした畿内近国の有力寺院とのネットワークである。平等院や粉河寺もそうだが、とくに看過できないのは四天王寺との関係である。

四天王寺の西門信仰

四天王寺は、難波津周辺に蟠踞した渡来系の難波吉士《なにわのきし》氏の氏寺として創建されたとするのが、近年の有力な説になりつつあるが、この寺が霊場寺院に大転換を遂げるのは、寛弘四年（一〇〇七）に金堂内の宝塔から、聖徳太子の執筆に仮託された『四天王寺（荒陵寺）御手印縁起』が出現したことが発端であった。そこに記された「宝塔金堂相当極楽浄土東門中心」という文言から、四天王寺を極楽浄土の霊地とする思想が貴族社会や仏教界に瞬く間に広まったのである。もっとも、上記の文で「東門中心」という部分はやや晦渋だが、大阪湾を臨む高台に立地する当寺の西門からは、西の方角に海に沈む夕陽を眺めることができたため、この日没の光景が『観無量寿経』を典拠とする日想観の影響を受けて極楽浄土の様相に喩えられ、しだいに四天王寺の西門を「極楽浄土の東門」とする信仰に置き換えられて定着した。いわゆる「西門信仰」で、『今昔物語集』にもすでにこれに取材した説話が収録されている。

善光寺が都のはるか東方に位置したにもかかわらず、西方極楽浄土に至る霊地とされたのはいかにも不自然な感じがするのだが、この「西門信仰」の論理に照らせば、当時の知識人の世界観からして、善光寺の東門は「極楽浄土の西門」に当たるという思想があったのではないかという点に行きつくのである。このことを早く指摘したのは、スイス生まれの日本文学研究者H・E・プルチョウで、「東にある善光寺は阿弥陀の西方浄土に至る出発点と考えられていた」と述べているが（『旅する日本人』）、卓見であろう。実際、室町時代の史料だが『旅宿問答』には、善光寺の草創伝承を述べたあとに、「是極楽世界ノ東門ト云額、虚空ニ見タリト申伝候」とあるから、参詣者にはそうした認識があったことは疑いない。ちなみに、善光寺の金堂（如来堂）は中世の一時期、東向きに建てられていたのではないかとの仮説が従来からあり、これは史料的な確証が得られないものの、上記の点からすると一概に否定しさることはできないようにも思われる。

いずれにしても、「西門信仰」に対する「東門信仰」は、四天王寺と善光寺との密接な関係から生み出されたものとみることは容易であろう。両寺は、前述した聖厳のように四天王寺の権別当が善光寺の別当を兼任するといった寺院組織の点だけでなく、信仰の面でも聖徳太子信仰を媒介とした密接な結びつきがあったからである。『日本書紀』の崇峻天皇即位前紀には、厩戸皇子が物部守屋討伐の際に四天王像に戦勝を祈願し、勝利の暁には寺塔の建立を誓願したという説話が見えるところから、四天王寺では早くから聖徳太子創建伝承が成立していたが、この説話は「善光寺縁起」の中にも取り入れられ、しかも、しだいにこの討伐譚が増幅していくのである。聖徳太子信仰と善光寺信仰の関係については、のちに詳しく取り上げるが、これは両寺の布教活動に当たった宗教者の間に、早くから相互交流があったことを示唆している。こうした寺門派の寺院や僧侶とその支持者たちの間にあったネットワークは、「善光寺縁起」そのものの成立にも影響を与えることになる。

7 「善光寺縁起」の成立

寺社縁起の二類型

「縁起」とは「因縁生起」の略語で、一切の事物はさまざまな因縁によって成立するといった意味の仏教語だが、日本では早くから寺社の由来とか沿革を指す言葉として用いられている。寺社縁起の類が書かれるようになったのも古く、八世紀初めに編纂された『日本書紀』にはすでにそうした縁起が材料として用いられているほどである。また、律令制下には官寺は四年ごとに会計監査を受けるため、財産目録である資財帳を太政官に提出する義務があったが、その冒頭にも簡単な縁起が付記された。

こうした寺社縁起には大別すると二種類がある。一つは古文書や記録に依拠し、時にはそれらの一部を引用していて、客観的な歴史史料としてそのまま利用できる縁起であり、もう一つは創建を実年代より古く遡らせたり、開創者を有名人物もしくは架空の人物に仮託したり、あるいは荒唐無稽な神話を盛り込んだりした、創作的な縁起である。残存しているものは後者のタイプが圧倒的に多く、結論からいえば「善光寺縁起」も初期のものは、霊場寺院に脱皮するために、他寺とは異なる霊験を宣伝するのが作成目的と考えられ、後者の部類に属する物語縁起といってさしつかえない。ただし、そのことは「善光寺縁起」が善光寺史の研究にまったく役立たないという意味ではなく、むしろ、善光寺信仰の本質やその展開過程を知るうえで、重要な手がかりになりうるものである。また、時代とともにしだいに内容が増幅してくるにつれて、その時々の史実も付加されてくることは確かであり、本書でもこれまでの叙述で、室町時代に完成された四巻本の『善光寺縁起』の記事を引用したのもそのためである。

十巻本『伊呂波字類抄』の記事

「善光寺縁起」の成立については、十巻本『伊呂波字類抄』に引用された記事をもとに、すでに「奈良縁起」とでもいうべきものが存在したことを想定する説が以前からある。はたしてそのようなことがいえるかどうかだが、それには同書の記事全体を概観しておく必要がある。同書の「善光寺」の項には善光寺の由来が二〇〇字あまりで記されているが、それは前段と後段に分かれており、前段は次のような文章である。

斯仏像日本国度至経歳積廾弐佰拾陸歳、之中京底流転年数五十歳、信濃国請降経年一百

六十六歳　云云

大意は「善光寺の仏像は日本に渡ってきてから二一六年が過ぎたが、このうち都に留まっていたのは五〇年で、信濃国にもたらされてからは一六六年である」といったところであろう。一方、後段はやや長いが、適宜字句を補いながら解釈すると以下のようになる。

推古天皇一〇年（六〇二）の四月八日、大和国高市郡の小治田宮《おはりだのみや》に上っていた信濃国の若麻績東人《わかおみのあずまびと》が、この仏像を背負って帰国した。途中の宿々でも背中から離れなかったので、各国の国司は感激して、宿ごとに田租を免じた。本国の信濃に下着すると麻績村に寺を造り、四一年間ここに安置して礼拝供養した。皇極天皇元年（六四二）、都が明日香川原宮にあった当時、東人はこの仏像を水内郡の邸宅に移して、庇（廂）の間に安置した。その後、草堂（これを本善堂という）を建てて安置し、翌日の早朝、この仏を拝もうとしたところ、姿が見えなかったので驚いて自宅に戻ってみると、仏像はもとの庇の間に厳かにおわした。この話を聞いて多くの人々が涙を流して随喜した。これがこの仏の第一の霊験であり、自宅を改めて寺としたのが善光寺である。

「奈良縁起」の存在を想定した論者は、前段と後段の文章を全く別個のものとしたうえで、前段に見える「二一六年」という年次を欽明天皇一三年（五五二）を起点に数えたものとすれば、これは神護景雲二年（七六八）に書かれたことになり、この点から善光寺はすでに「奈良縁起」ともいうべきものが成立していたと考えたのである。しかし、この点だけで、当該部分が奈良時代に書かれた文章と断定するには説得力に欠けているし、文体の点でも奈良時代のものかどうか、にわかに判断することは難しい。さらにいえば、前段・後段を含めて欽明天皇のことはまったく所見されないから、これらは『日本書紀』所載の仏教公伝記事の影響を受けていない記事とみられ、したがって、欽明天皇一三年を起点にして算出することも疑問であろう。むろん、前述したように『僧妙達蘇生注記』にはすでに善光寺の仏像を「本師仏」とする伝承が見えることや、同寺が定額寺に列格した可能性が高いことから、由来や沿革を述べた記文が、早くから存在していたとしても不思議ではないが、その場合でも、奈良時代にまとまった形の「善光寺縁起」が成立していたと断定するには無理がある。

一方、後段の文章だが、「若麻績」という氏姓が古代に実在したものであったとはいえ、この点から律令制以前の、何らかの歴史的事実が反映されていると想定してよいかどうかは慎重さが必要だろう。全編がすでに霊験譚で構成されているからである。とくに、仏像が草堂から庇の間に戻ったという逸話には、「生きている仏」であることが暗示されており、「生身」思想の影響をうかがわせる。この逸話は、善光寺如来が伊那郡麻績郷（現飯田市座光寺周辺）に一時安置されたという挿話とともに、のちのちまで「善光寺縁起」には不可欠の霊験譚の一つとなるが、仏像を信濃に運んだという人物は、やがて「本田善光」に代えられ、「若麻績東人」はのちに主流となる縁起には継承されていない。

結論をいえば、前段・後段の文章はいずれも、十巻本『伊呂波字類抄』の編纂時点に何種類も登場していた、「善光寺縁起」の一つと考えられる。しかし、「善光寺」の項は一二世紀中頃に成立した、橘忠兼原撰の体裁を残す『伊呂波（色葉）字類抄』（二巻本ないしは三巻本）にはなく、鎌倉前期に大幅に増補された十巻本のみに見えるものであるから、これらの縁起が書かれた時期はせいぜい平安末期頃より遡らないとしかいいえないだろう。それに対して、その後の善光寺信仰の展開にもっとも大きな影響を与えることになる「善光寺縁起」が、遅くとも一二世紀初頭までには成立していた。それが、私撰史書の『扶桑略記』に引用される縁起で、今のところ確認できる最古の「善光寺縁起」と思われるものである。

「善光寺縁起」に見える霊験

『扶桑略記』の成立時期は堀河天皇の治世（一〇八六―一一〇七）とするのが通説だが、同書巻第三の欽明天皇一三年壬申冬一〇月一三日条に引かれる「善光寺縁起」は、字数約二四

○字ばかりの、次のような文章である。

善光寺縁起云、天国排開広庭天皇治十三年壬申十月十三日、従百済国、阿弥陀三尊浮浪来。着日本国摂津国難波津、其後経卅七箇年、始知仏法、仍以此三体、為仏像之最初、故俗人号之、悉曰本師如来、小墾田推古天皇十年壬戌四月八日、依仏之託宣、忽下綸言、奉移信乃国水内郡、仏像最初、霊験掲焉、件仏像者、元是釈尊在世之時、天竺毘沙離国月蓋長者、随釈尊教、正向西方、遥致拝礼、一心持念弥陀如来、観音、勢至、尓時三尊促身於一搩手半、現住月蓋門閫、長者面見一仏二井、忽以金銅所奉鋳写之仏井像也、月蓋長者遷化之後、仏像騰空、飛到百済国、已経一千余年、其後浮来本朝、今善光寺三尊、是其仏像也　已上出彼寺本縁起之文

口語訳すると以下のようになる。

欽明天皇の治世一三年一〇月一三日、百済国から阿弥陀三尊像が浮来して、我が国の摂津難波津に漂着した。その後、三七年を経て初めて仏法なるものを知った。すなわち、この三体こそが我が国における最初の仏像なのである。そこで、人々はこれを「本師如来」と呼ん

だ。推古天皇の治世一〇年四月八日にこの仏の託宣があったため、天皇はただちに綸旨を下して、信濃国水内郡にお移しになった。我が国で最初の仏像であり、霊験あらたかであることは明白である。この仏像の由来は次のようである。釈尊が在世されていた時代のことだが、天竺毘沙離国の月蓋長者が釈尊の教えどおりに真西の方角に向かって礼拝し、一心に阿弥陀如来および観音勢至両菩薩を念じると、身の丈一搩手半《いっちゃくしゅはん》（人が母胎にある時の身長で、一尺二、三寸とされる）の三尊が月蓋長者の家の門の敷居に現れた。長者はこれを目の当たりにして、すぐに三尊を写した像を金銅で鋳造させた。それがこの仏像である。月蓋長者の死後、この仏像は空を飛んで百済国に至った。それから千余年を経た後、本朝の摂津国に浮来した。今の善光寺の三尊像は、まさにこの仏像である。

平安時代までの「善光寺縁起」は概して短文であったとみられるが、上記の部分には、のちに触れるように月蓋長者がなにゆえに西方に向かって礼拝したのかという、重要な点が記述されていないために意味が通りにくい。現存する『扶桑略記』巻第三の写本は抄本ではないから、これは同書の編者が典拠とした縁起を引用する際に、省略したと考えてよいだろう。しかし、省略文でも縁起の執筆者が主張しようとした「善光寺如来」の霊験と、その際に利用した先行文献は知ることができる。

この縁起は、前に見た十巻本『伊呂波字類抄』所引の縁起と比べると、推古天皇一〇年に如来の託宣で信濃に移座されたという点では共通するが、大きな相違点もある。それは『日本書紀』の欽明天皇一三年冬一〇月条に記された、百済国の聖明王が「金銅釈迦像一体、幷経論幡蓋等」を「献じた」とする、いわゆる仏教公伝の記事と結びつけたことである。これによって、善光寺に安置された三尊像が「我が国最初の仏」とする根拠が得られたことになり、文中ではこれを「本師如来」と表現したのである。ただし、日付については『日本書紀』では「冬十月」とあるに過ぎず、『扶桑略記』および「善光寺縁起」で「十月十三日」としたのは根拠不詳だが、おそらく縁起作成時の創作であろう。

もう一つの霊験を主張するために典拠としたのは、東晋の竺難提が漢訳した『請観世音菩薩消伏毒害陀羅尼呪経』（『大正新修大蔵経』第二〇巻三四頁。以下、本書では『請観世音経』の略称を用いる）である。これはもともと観音菩薩の功徳を説いた経典であるが、このなかに天竺の毘沙離国に住む有徳者の月蓋長者の話が見える。不信心者であった月蓋長者が釈尊に教えを乞うた理由については、上述したように『扶桑略記』の引用文ではまったく省かれているが、同経では「此国人民」が「大悪病」を患い「良医耆婆」が道術を尽くしても埒が明かなかったため、釈尊に病苦の救済を願い出たという筋立てになっている。

ところが、称名寺所蔵（金沢文庫保管）の『善光寺如来事』などの鎌倉時代の縁起では、月蓋長者の「娘」の病を救うためであったとされており、「善光寺縁起」では明らかに「女性を救った」という話に置き換えられたことが判明するのである。最終的に、この娘には経典の常套文言で『請観世音経』の冒頭にもある「如是我聞」に由来する、「如是」姫という名前が付与されて定着する。

その時期が問題となるが、建仁元年（一二〇一）からさほど降らない時期に成立した尾張国の甚目寺の古縁起には、「善光寺縁起」の一部が引用されており、ここに「月蓋長者息女如是」が登場していることから、この女性名が鎌倉前期にはすでに、一部の縁起で使用され始めていたことは疑いないだろう。

また、建久四年（一一九三）には曽我祐成の愛妾虎御前が善光寺に参詣した事実があり（『吾妻鏡』）、こうした点から、すでに平安期の縁起に女人救済説話が盛り込まれていたことが推定され、『扶桑略記』所引縁起の省略部分には、少なくとも「月蓋長者の娘」が病に罹ったという記述が含まれていた可能性が極めて高いのである。

さらに、前引の縁起で省略されていると推測される、重要な点がもう一つある。「善光寺如来」を形容する「生身」という表現である。十巻本『伊呂波字類抄』に記された「草堂から庇の間に移った」という逸話と同じく、百済から摂津国難波津に「浮浪」してきたという点は、自ら移動する「生きている仏」として描かれているが、それを意味する「生身」という用語は、日本では一一世紀末頃には使用され始めている。『扶桑略記』が典拠とした「善光寺縁起」にも、すでにこの語が使われていた可能性が高いのは、『扶桑略記』のみを典拠にして執筆したとされる、和文体史書の『水鏡』の当該部分に、「彼生身善光寺ノ阿弥陀ノ三尊」と見えるからである。

ちなみに、仏が海を渡ってきたとか、海から出現したといった筋立ては、一般に「霊仏海中出現説話」と呼ばれるもので、『日本書紀』欽明天皇一三年条に引かれた吉野現光寺（比蘇寺）の縁起にすでに見え、その後に成立した武蔵浅草寺や前述した尾張甚目寺などの縁起のモチーフになっているように、古代寺院の仏像霊験譚に共通する要素であったことが知られている。

以上のように、最古の「善光寺縁起」は『日本書紀』と『請観世音経』を主たる典拠にして執筆されたもので、そこに盛られた善光寺如来の霊験は、「本師如来（我が国最初の仏）」「生身の仏」「女人救済の仏」の三点が主たるものであるが、これらに加えて、天竺で造られ百済を経て本朝にたどり着いた仏ということから、後には「三国伝来」という点も強調されるようになる。ほぼこの四つが、「現当二世」の救済を特徴とする善光寺如来のキャッチフレーズとして喧伝され、やがて善光寺信仰が全国に流布することになるのだが、これらの霊験の意義や背景について、もう少し補足しておきたい。

「本師如来」と「生身の仏」

「本師如来（我が国最初の仏）」という点に関しては、「本当の師匠」とか「頼みとする仏像」といった「本師」の本来の意味からすると、かなり逸脱した使い方だが、問題となるのはむしろ、善光寺の阿弥陀三尊を「我が国最初の仏」であることを主張するために、『日本書紀』所載の仏教公伝記事と強引に結びつけたことであろう。しかし、同書には百済の聖明王が欽明天皇に贈った仏像は「釈迦像」とあり、当時双方の記事を見ることができた一部の知識人からすれば、矛盾を感じたはずである。実際、鎌倉時代に善光寺が日蓮の激しい指弾を浴びることになるのは、この点に発端があった。実は『扶桑略記』ではそのことを見越して、やや手の込んだ叙述法が取られているのである。

すなわち、同書では欽明天皇の一三年条に直接この縁起を引用するのではなく、最初にわざわざ問題の『日本書紀』の記事を引き、縁起文との間に「一云（ある人の説では）」と「或記云（ある書によれば）」の二つの文章を入れて、縁起の本文につないでいるのである。図示すれば以下のとおりである（傍点は筆者）。

【『日本書紀』本文】　百済国聖明王始献金銅釈迦像一体

↓

【一云】　百済明《ママ》王献阿弥陀仏像、観音勢至像

↓

【或記云】　信濃国善光寺阿弥陀仏像、則此仏也

↓

【『善光寺縁起』云】　従百済国、阿弥陀三尊浮来、…仏像之最初

「ある人の説」とか「或記」が実際に存在したものかどうかは不明だが、いずれにしても、『扶桑略記』の編者は「善光寺縁起」の主要典拠が『日本書紀』であることを知りつつ、両者の記事の食い違いを解消させるために、意図的な操作を行っていたのである。このことはじつは、『扶桑略記』の編者と同書に引用された縁起の執筆者が、極めて近い関係にあったことをも示唆しているのであるが、この点は縁起の書かれた環境に関わる問題であり、次項

であらためて取り上げたい。

次に「生身の仏」である。「生身」という語は『無量寿経』などの経典のほか、論蔵にも散見され、「父母から生まれた身体」（『大智度論』）とか、「釈尊の生まれたままの身体」（『倶舎論』）といったように、「法（性）身」に対して「煩悩を有する衆生の身体」の意味で用いられている。日本では一一世紀頃から使用され始めたようで、今のところその確実な初出は、一二世紀初頭にできた大江匡房の『続本朝往生伝』とされているが、『扶桑略記』所引の「善光寺縁起」で使われていた可能性が高いとなると、後者の方が若干早い事例ということになるだろう。仏教語としての「生身」の意義や思想については近年、領域を異にする研究者の間でいろいろと突っ込んだ議論がされているが、善光寺如来に関していえば、さほど難しく考える必要はなく、「生きている仏」ないしは「現世の仏」といった、文字通りの意味である（『当麻曼陀羅疏』巻四六）。この点については上述したとおりだが、肥大化した中世の縁起絵では、月蓋長者が閻浮檀金《えんぶだごん》で写し取らせた阿弥陀三尊が、西方から出現した阿弥陀三尊と一緒に天空に並ぶ様が描かれているように、その点がいっそう強調されるに至っている。

「生きている仏」という主張が画期的であったのは、古代の日本人には、仏を崇拝しても、仏像そのものは金仏《かなぶつ》であったり木仏であったりと、要するに血の通わない偶像に過ぎないと考えられていたからである。そのことは『日本霊異記』中巻第二三話に、「理の法身仏は血肉の身に非ず、何ぞ痛む所有らむ（仏法の顕現としての仏身は血の通った人身ではない。どうして痛いことがあろうか）」とあることからうかがえよう。そうした偶像が「人々を救済するためにこの世に出現した仏」と宣伝されることで、当時の人々は善光寺如来の霊験を信じ、熱狂的な信仰を寄せたのである。そして、さらにこれに拍車を掛けたのは、平安後期に浄土思想の影響で、神仏の示現は夢の中にしか見えないとする思想が広まったことであった。『梁塵秘抄』巻二に収載された、「仏は常に在《いま》せども、現《うつつ》ならぬぞあはれなる、人の音せぬ暁に、仄《ほの》かに夢に見え給ふ」という歌謡はそのことをよく示すものだが、これによって「生身の仏」は霊夢と結びついて、より神秘性を帯びるとともに、やがて「夢告」という文学的修辞法で語られることが定着する。

　畿内近国の寺院で「生身の仏」であることを主張した早い例としては、園城寺金堂の弥勒如来が知られることから（『寺門高僧記』所引長寛元年〈一一六三〉智証門徒解状）、「善光寺縁起」に見られる生身思想は本寺である園城寺の影響を受けた可能性もあるが、いずれにしても、この宣伝文句は中世にはどの霊場寺院でも大当たりをとった。とりわけ京都の平等寺

（因幡堂）の薬師如来、同じく清凉寺（嵯峨釈迦堂）の釈迦如来は、尊像の法量や材質などが異なるにもかかわらず、善光寺の阿弥陀如来とともに「生身の三如来」としてその霊験が流布するようになる。

ところで、この三如来は「三国伝来」をもう一つのキャッチフレーズにしていたという共通点があったが（『壒嚢鈔』）、前二者と善光寺如来とではその内実が異なっていたことが注意される。因幡堂薬師と嵯峨釈迦の主張する「三国」とは「天竺・震旦・本朝」で、これは『今昔物語集』の編目に萌芽があり、やがて凝然の『三国仏法伝通縁起』に典型的に見られるように、中世には朝鮮を度外視した三国史観が主流となっていたことによる影響であった。それに対して、「善光寺縁起」は屡述したとおり『日本書紀』の仏教伝来記事に依拠したために、一貫して「天竺・百済・本朝」を「三国」として唱え続けたのである。

女人救済説話の背景

次に「女人救済の仏」だが、そもそも「女人を救済する」という思想が生まれた背景には、次のような事情が考えられる。古代の律令制のもとでは、寺院は官僧官尼の修行と仏事の場であるとともに、生活するための居住空間であって、一般の俗人は特別な事情がないかぎり入ることのできない聖域であった。さらにいえば、戒律（不邪淫戒）の教えを盛り込んだ

「僧尼令」の規定により、僧寺には俗人の女性も尼も、尼寺には俗人の男性も僧も、通例は入寺できないという「女人禁制」と「男子禁制」の遵守が厳格に求められていた。ところが、奈良時代の末から平安初頭にかけて、国家の方針で女性に対する出家制限が始まり、これに伴って尼寺が廃絶に追い込まれる事態となったのである。

その一方で、平安中期以降になると仏教界に新たな風潮が生じてきた。仏教に対する個人信仰が始まり、貴族社会では女性を含めた寺社参詣が盛んになったことである。ところが、当時の寺院は僧寺ばかりで、持戒を建前にして女性の入山を拒否していたため、女性たちには救いを求めるよりどころがなく、加えて、僧のなかにはその理由を、『法華経』に由来する「女人は成仏できない」といった女性差別的な言辞で説明する者も現れたから、女性たちの間では不満も高まりつつあった。こうした女性たちにどう対処するかが当時の仏教界では喫緊の課題となっていたが、やがて畿内近国の一部の僧寺のなかには、女性の参詣者を積極的に受け入れるところも現れたのである。大和の長谷寺や当麻寺、山城の清水寺、近江の石山寺、紀伊の粉河寺や道成寺などが早い例であり、のちには「女人高野」を唱えた大和の室生寺などが知られている。

こうした僧寺では、女性の参籠を認めることでより多くの賽物を確保し、寺院経済を潤してくれることを期待したのだが、一方で、あくまで戒律や「僧尼令」の規定を遵守すべきだとする宗教者や為政者の批判をかわす必要があり、本尊である仏菩薩が女性を救済したといった霊験譚を創作することが不可欠であった。上記の寺院では、当麻寺の「中将姫伝説」、石山寺の「啞女《あじょ》救済伝説」、道成寺の「宮子姫髪長伝説」などのように、いずれも最終的に女人救済譚を取り入れた縁起を作成したことが知られるが、なかでも、「善光寺縁起」の成立に影響を与えた可能性が高いのは粉河寺の縁起である。

現存する「粉河寺縁起」には数種のものが知られるが、もっとも古いとみられるのは、醍醐寺本『諸寺縁起集』に収められた天喜二年（一〇五四）の『粉河寺大率都婆建立縁起』である。この冒頭部分には紀伊国那賀郡の猟師、大伴《おおともの》吼子古《くじこ》が庵を結んで千手観音を安置したという草創伝説に続いて、同国渋河郡の佐大夫なる者の「愛子《あいし》《いとしご》」が重病に苦しんだが、観音に縋ることで平癒したという説話がある。「愛子」とあるだけでは性別は不詳だが、院政期頃に完成した『粉河寺縁起絵巻』の詞書では、「河内国さらゝのこおり」の長者の「一人娘」となっており、早い段階から女人救済説話が構想されていたことが示唆されるのである。

ところで、粉河寺は郡寺に起源がある点など善光寺との類似点が多いが、とくに無視できないのは寺門派の有力寺院（僧寺）であったことで、善光寺を参詣した覚忠は、粉河寺の別当職も歴任していた事実が判明することである（和文本『粉河寺縁起』第三二）。こうした寺門派のネットワークの存在からすれば、縁起の内容にも影響を与えたことは容易に考えられるところで、「善光寺縁起」に「女人救済」のような、当時としては最先端の思想が取り入れられたことも合点がいくのである。

しかし、そうはいっても、これが当時の善光寺の住僧によって書かれた可能性は少ないだろう。確かに、善光寺では早くから本尊を「本師如来」と主張していた形跡があるが、この時代に地方寺院で『日本書紀』の写本を見ることができたかといえば、それは通常では考えがたいからである。そこで、次に「善光寺縁起」の作成された環境を考える必要がある。

「善光寺縁起」執筆の環境

先に指摘したように、『扶桑略記』が「善光寺縁起」を引用するに際して、両者の矛盾点を解消するための操作をしていたことは、その編者が「善光寺縁起」の執筆者と密接な関係にあったことをうかがわせる。そこで、『扶桑略記』の編纂者のことがあらためて問題となるが、近年、比叡山の僧皇円とする通説を覆す新説が堀越光信氏によって提起された。

その根拠として、第一に、皇円は生没年が不詳だが、源空（法然）の師匠の一人であった点から、『扶桑略記』の成立当時はまだ二〇歳前後の若年と推測されること、第二に、主要な材料となった『外記日記』は官人以外は利用が不可能であったこと、第三に、これまで皇円の編纂とする根拠になっていたのは『本朝書籍目録』であったが、同書には「皇円抄」と記されることなどを挙げ、皇円は抄出した人物にすぎないと結論づけられたのである。このうちとくに重要なのは第三点で、『本朝書籍目録』を見ると確かに「撰」と「抄」は明瞭に区別されている。現存する『扶桑略記』は、巻一および巻七—一四は抄本のみであるが、皇円はこうした抄本の作者とみなされるのである。『扶桑略記』は全三〇巻であったとされるから、いずれにしても一人でなしうる仕事ではない。

それでは、真の編者は誰なのかということになるが、堀越氏は大江匡房（一〇四一—一一一一）を中心とした堀河朝の宮廷の文人サロンに属したグループ、具体的には匡房の上司で、かつ学問の弟子であった関白の後二条（藤原）師通を筆頭に、右大臣源師房、大学頭惟宗《これむねの》孝言《たかとき》らを挙げている。また、その理由としては、例えば「扶桑」という言葉は『扶桑明月集』の著作があるように（ただし、本書は早く失われ、諸書に引かれた逸文は鎌倉期の偽撰によるものとみられる）、匡房が好んで使用したものであることや、彼が関わった改元の記事や、願文が多く引用されていることなど、内容や表現の特徴が中心人物であった匡房の興味・関心と合致する点が多いことなどを挙げている。この堀越氏の見解は説得力に富むものだが、じつは「善光寺縁起」の執筆も、このグループに属する人物が関与していた形跡があるのである。

大江匡房は菅原道真と並ぶ、平安時代最大の文人学者かつ政治家として知られ、その著作は膨大な数に上るが、家学書の『江家次第』などを除くと、『本朝神仙伝』『遊女記』『傀儡子記《くぐつき》』『狐媚記《こびき》』『対馬貢銀記』『洛陽田楽記』といったような、世俗的な事物や地方の事象に強い興味を示したものが多いのが特徴で、寺社縁起も依頼を受けて執筆している。また、大江家は代々文章博士を勤め、史書編纂に関与するという伝統があった。『日本文徳天皇実録』には音人が編者に連なり、『新国史』には朝綱・維時らが参画していたし、曽祖父匡衡の妻赤染衛門は『栄華物語』の作者に擬せられているが、匡房自身も後二条師通や惟宗孝言と『漢書』『後漢書』『史記』などの輪読会をしばしば開いているから(『後二条師通記』)、彼らは史書に特別の関心を抱いていたことは確かである。

信仰については熱烈な八幡信仰と阿弥陀信仰の持ち主で、八幡神の本地仏を阿弥陀如来に定めたのが、ほかならぬ匡房であったことについてはすでに指摘がある。一方、天台宗との関係では、園城寺の僧頼豪と師檀関係を結んでおり(『愚管抄』)、明らかに寺門派の支持者であったことである。この点は後二条師通も同様であったが、彼の場合、嘉保二年(一〇九五）に延暦寺衆徒が強訴を企てた時に兵を発遣して阻止したために、三八歳の若さで急死した時には「日吉山王の祟り」によるとの噂が立ったといわれ（『日吉山王利生記』）、表向きは山門・寺門両派に対等に接していた匡房とは対照的であった。しかし、いずれにしても、この事件は匡房を中心とした文人仲間が、寺門派支持グループであったことを端的に示すものである。

匡房は自らの日記『江記』を死の直前に焼却させており、その逸文や他の残された著作物には、信濃善光寺に関する記事は一切見えないが、「善光寺縁起」の内容と関わる示唆的な点はいくつかある。第一に、善光寺信仰のキャッチフレーズの一つとなる「生身」の言葉は、前述したように、匡房が編した『続本朝往生伝』真縁伝に見える用例が今のところもっとも古いとされていることである。第二に、「善光寺縁起」の典拠となった『請観世音経』が日本で注目されるようになるのは一一世紀からだが（『類聚符宣抄』）、貴族社会ではとりわけ後二条師通がこの読経会を盛んに催しており（『後二条師通記』）、最初の寛治八年（一〇九四）一一月二三日の法会は匡房が上卿として担当していたことである（『中右記』）。

第三に、匡房が日頃から「女人救済」と真剣に向き合う機会が多かったことである。すなわち、『江都督納言願文集』の現存する五巻一一六篇のうち、女性から依頼を受けたものが四〇篇（うち尼公二二篇）を占めており、その中には『転女成仏経』を引用するものが一一篇も含まれているのである。第四に、匡房は善光寺別当を勤めた石清水八幡宮寺僧清円の父、清成と親交があったことである。石清水八幡宮寺では延久二年（一〇七〇）までに不断念仏会が開始されていたが、『石清水不断念仏縁起』はそれに尽力した清成を顕彰するために、匡房が執筆したものであった。匡房が八幡神を崇敬し、本地を阿弥陀三尊に定めたのも（『筥崎宮記』）、こうした経緯があってのことだろうが、やがて同寺は「弥陀三尊之垂応」の地と主張するまでに至っている（『朝野群載』）。

以上のように、いずれも状況証拠とはいえ、大江匡房の思想や行動と「善光寺縁起」の内容とは関わり合う点が少なくない。むろん、匡房自らが最初の「善光寺縁起」を執筆したとまで断言するつもりはないが、彼を中心とする文人グループは願往生者で、かつ親寺門派（園城寺支持派）の集まりでもあったから、この文学サロンに属した人々が、寺門派僧と交流するなかで執筆に関わったのではないかという憶測も捨てがたいのである。

大江匡房と信濃

匡房については信濃国との関わりも浅からぬものがあり、最後にそのことにも触れておきたい。それは父の成衡が信濃守を勤めていた事実である。大江氏歴代の中でも、なぜかこの成衡については詳しい事績や経歴が伝わらず、知られるのは従四位上に至り、大学頭と信濃守を歴任したことのみで（『大江氏系図』）、それらの在任期間も不明である。ただ、注意されることは一一世紀にはまだ地方官は赴任が原則であったことで、匡房自身も三十代半ばで美作守として赴任した経験があり、五、六十代には大宰権帥に二度補任されたが、二度目は病のために赴任できず府官から訴えられたほどである。成衡を「信濃権守」とする系図もあるが、その祖父匡衡が尾張権守として赴任した例があるように、権守が受領になることは当時珍しいことではなかった。成衡が信濃国に下向した可能性は高いだろう。

加えて、この当時は国司が家族を連れて任地に赴くことが普通であったことである。信濃守に限ってみても、天喜五年（一〇五七）に赴任した橘俊通は息子仲俊を（『更級日記』）、康和二年（一一〇〇）に赴任した藤原永実は息子為信を伴っていた（『詞花集』）。成衡が赴任した当時の匡房の年齢や任官の有無にもよろうが、彼が父に伴われて信濃国府に滞在したこともまったく考えられないことではないのである。そうした事実がなかったとしても、父から信濃国内の寺社について、何らかの情報を耳にしていた可能性は十分にあるだろう。ちなみに、匡房の最晩年のことだが、養子（娘の夫）の広房やその子広仲も相次いで信濃守に補任されて下向した事実がある。

第二章　中世――武士政権の成立と信仰の流布――

1　鎌倉幕府と善光寺

源頼朝による再建事業

武士政権である鎌倉幕府の成立は、日本の政治史上における画期的な出来事であっただけでなく、信濃善光寺の歴史にとっても新たな幕開けを意味するものであった。『吾妻鏡』や『平家物語』諸本によると、善光寺は源平内乱期の治承三年（一一七九）に火災に遭ったが、源頼朝は平氏を滅ぼして守護・地頭を設置した翌々年の文治三年（一一八七）七月、早くもその再建を信濃国内の御家人らに命じている。『吾妻鏡』に引かれた同年七月二七日付の下文によれば、先年の火災で礎石のほかは何も残っていない有様であったといい、荘園・公領を問わず、一味同心して勧進上人と力を合わせ、工事を完成させるように督励している。翌二八日には頼朝から、信濃国の目代比企能員に宛てた奉書も出されているが、頼朝がこのように国府の機能を主導する権限を有したのは、当時、信濃国がその知行国（関東御分国）の一つであったためにほかならない。

すでに文治元年（一一八五）八月には、信濃のほか相模・上総・越後など八か国が頼朝の知行国となり、彼の推挙により源氏一族が名目上の国守に補任されていた。信濃守には甲斐源氏の加々美遠光が就いたが、頼朝の乳母子であったという関係で、側近として仕えていた武蔵国の御家人比企能員が、目代として事実上の国務を執行し、そのうえ信濃国の守護職も兼ねていたのである。信濃国にとりわけこのような頼朝の強力な支配が及んだのは、木曽義仲の旧領であったことも影響している。

頼朝による善光寺再建は、平家による南都焼き討ちによって全焼した東大寺大仏殿の再建と、ほぼ同時に進められた事業であったことが注目されるが、東大寺の場合は武士政権の樹立を果たした者としての、多分に政治的な意味を帯びた営為であったのに対して、善光寺の造営は、頼朝自身が種々の霊験が知れ渡っていた善光寺如来への信仰を深めていたことが主たる背景にあった。

頼朝は善光寺を参詣したか

『吾妻鏡』によると、善光寺の伽藍の再建事業が進展し、その最初の落慶供養が行われたのは建久二年（一一九一）一〇月であったが、その四年後の建久六年（一一九五）八月の条によると、参詣の志はあるが向寒の季節でもあるので、明春に延期する旨を御家人らに触れさせたとある。同書の写本は多く残されているが、いずれも建久七年（一一九六）から同九年までの三か年分がそっくり脱落しているため、このあと頼朝が実際に善光寺参詣をしたことを示す記事は見当たらない。ところが、『立川寺年代記』などには頼朝が建久八年（一一九七）三月に参詣したことが伝えられるほか、肥後相良家文書の中に同年三月二三日付の「右大将家善光寺御参随兵日記」と呼ばれる、頼朝に随仕した御家人たちの交名（名簿）が残されている。料紙の紙質や書体の点で古くから信憑性が疑問視される傾向にあったが、近年では南北朝期の写しとみられるものの、内容上は問題ないとする説が研究者の間で主流になりつつある。その一方で、本文書を伝えた相良氏の当時の動向をさぐることで、偽作であることを主張しようとする新たな説も現れ、両説の間には依然として溝がないわけではない。

しかし、筆者の結論をいえば、あえて偽文書を作成する必要性のあったものとは思われず、やはり内容的には信頼に足る文書と考えられる。これによると、信濃関係の武士として村山七郎（義直）、望月三郎（重隆）、海野小太郎（幸氏）、藤沢四郎（清親）、村上判官代（基国）、所《ところの》雑色《ぞうしき》（和田基繁）などの名が見え、さらに江間太郎（北条泰時）をはじめ、三浦平六兵衛尉（義村）、加々美次郎（小笠原長清）、八田太郎左衛門尉（小田知重）、小山五郎（長沼宗政）といった関東の有力御家人層が含まれていたことが注目される。

頼朝が善光寺を参詣したことは、当時から巷間では知られていた事実で、そのことは『古今著聞集』巻二（釈教）に収められた説話からうかがわれる。ここで興味深いのは、頼朝が礼拝した善光寺如来像は、最初の時と二度目の時とで印相が異なっていたというエピソードが語られている点だが、これは善光寺を二回参詣したことを前提とした説話である。同書の古写本には建長六年（一二五四）に橘成季が編した旨の奥書があり、説話集とはいえ、可能なかぎり正確に事実を書き留めようとした姿勢が貫かれている点で定評がある。頼朝の没後、半世紀近くを過ぎた時期だが、時の執権は北条時頼で、鎌倉幕府のいわば得宗専制の成立期に当たっていた。印相の逸話はともかく、「鎌倉殿（源頼朝）」の善光寺参詣を「捏造」したような説話集が公にされたとは、とうてい考えがたいことで、この点からも事実とみるべきであろう。

そうなると、もう一回の訪れはいつのことかという点が問題になる。じつは覚一本『平家物語』（巻第七）によると、寿永二年（一一八三）三月上旬、頼朝は自分に敵意を抱く源行家を匿った木曽義仲を追討するために信濃に発向し、信越国境の熊坂（現長野県信濃町）に陣取った義仲を追って善光寺に至ったとある。これに対して、義仲は嫡子の清水冠者「義重」（正しくは義基）を人質に差し出したため、戦闘は回避され頼朝は鎌倉に帰還したという。ただし、古態をとどめるとされる延慶本（第三末）では、臼井坂（碓氷峠）を越えて「信乃樟佐川」の端に陣を取ったとだけあって、前者とは食い違いがあるが、「樟佐川《あずさがわ》」は犀川の意と思われるので（現在の梓川は犀川上流部で、奈良井川との合流地点までの名称）、やはり善光寺が所在する水内郡に至ったことを示唆している。一回目の善光寺「参詣」はこの時のこととしか考えられないだろう。

前述したように善光寺は治承三年（一一七九）に全焼していたから、取り出された本尊を始めとする仏像は、当時は仮堂か、もしくは付近の寺庵に安置されていたのではないかと思われる。『古今著聞集』の説話では、最初に見た印相は「定印」で、二度目は「来迎印」とあるが、いずれも善光寺如来の特徴である刀印ではない。これは説話上の誤伝と思われるが、当時の善光寺の状況からすれば、頼朝の見間違いか記憶違いということも考えられよう。いずれにしても、この時に目にした善光寺の惨状が、頼朝による早期の再建事業への着手につ

図11　甲斐善光寺に伝来した木造源頼朝像

ながった可能性がある。

将軍家菩提所となる

源頼朝が善光寺の再建を成し遂げてから、善光寺はこれまでどおりの霊場寺院としての存在に加えて、鎌倉幕府の全面的な保護を受ける寺院となった。いわゆる将軍家の菩提所としての役割である。山梨県甲府市にある、いわゆる甲斐善光寺には、頼朝・頼家・実朝と伝承される三体の木彫坐像（このうち頼家像は後補）が所蔵されているが、これは戦国時代に武田信玄が奪取して甲斐に運ばせたためで、元来は信濃善光寺に安置されていたものであった。

この三代の肖像彫刻のうち、頼朝像（**図11**）は正和二年（一三一三）の火災で首廻りから下が焼失したため、文保三年（一三一九）に修理されたが、その際に書かれた墨書銘が像内に残されている。消えかかった部分が多いため、これまでさまざまな読み方がされてきたが、近年、黒田日出男氏の精査により、文中に「尼二品殿の御沙汰」をもって「此の御影」が造られた、と判読できる箇所のあることが指摘された。この読み方に従えば、本像は北条政子が正治元年（一一九九）正月の夫の臨終後に、その供養のために発願したことになり、さらにその後、先立たれた二人の息子である頼家、実朝の菩提を弔うために、併せて三代の将軍御影像を造立させた経緯が推測されるのである。政子は頼朝による善光寺再建の際に、念仏堂を寄進したことが知られているから（四巻本『善光寺縁起』）、おそらく当初は、この念仏堂に安置されていたものであろう。

鎌倉幕府の定めた寺院制度として、のちに関東祈禱所と呼ばれる寺院群があったが、これは禅律系の寺院を中心に将軍家の安泰を祈願する目的で設定されたものであった。これに対して、源家三代のための菩提所としては、やはり政子が建暦元年（一二一一）、安達景盛を奉行として高野山禅定院内に創建した金剛三昧院が知られるが、善光寺はそれに先行するものので、阿弥陀信仰の霊場として評判が高まっていた当寺は、菩提所とするのにまことにふさわしい寺であった。将軍家菩提所としての待遇は執権北条氏によって引き継がれるが、おいおい述べるように、それは追善供養の実施とそれに見合う所領寄進、善光寺と周辺の警備体制の強化、さらに再建事業における迅速な対応といった、一連の保護政策にも現れている。

北条政子が善光寺を訪れたかどうか確証はないが、『吾妻鏡』によれば、彼女のもとに身を寄せていた大磯の遊女虎（曽我祐成愛妾）は建久四年（一一九三）に善光寺に参籠して夫の菩提を弔っており、同じく手越の遊女千手前《せんじゅのまえ》（平重衡愛妾）もその可能性がある。政子も善光寺参詣を望んでいたことは疑いなかろう。なお、下野宇都宮氏の一族で歌人として知られた塩谷朝業《しおやともなり》（信生房昇蓮）は、元仁二年（一二二五）に善光寺を訪れたが、北条政子の死去を聞いて鎌倉に帰り、彼女の「あき、かならず修行」と言っていた言葉を思い出して、世の無常を歎じたことがその紀行文『信生法師集』に見えている。この「修行」については鎌倉の持仏堂での仏事とするのが通説だが、善光寺参籠の意味と解釈して、北条政子もその宿願を抱いていたことを示す証左だとする見方もある。

鎌倉幕府による保護

頼朝の亡き後は、北条氏が執権としてしだいに幕府の主導権を握っていくが、とりわけ信濃国の場合には、建仁三年（一二〇三）にそれまで信濃守護と同国目代の任にあった比企能員が北条時政に謀殺され、新たにその守護職を手中に収めた北条氏との関係が深まっていった。こうしたなかで、北条氏と善光寺との関係がはっきり知られるのは、幕府政治が軌道に乗った三代執権泰時の時からで、具体的には修造事業の継続と追善供養の開始という形に示されている。これは北条氏が将軍家菩提寺としての善光寺の檀那を継承したことを意味するものであった。

前者の修造事業を中心となって担当したのは北条泰時の弟の朝時（名越氏の祖）である。その事業の具体的な内容については『吾妻鏡』に記載がないため、必ずしもはっきりしないが、治承三年（一一七九）の火災で焼失した堂宇は二〇棟もあったとされるから、建久二年（一一九一）に金堂などの主要伽藍が完成して以後も、引き続き、当初の規模に回復すべく追加の造営工事が行われていたと思われる。四巻本『善光寺縁起』によれば、鎌倉時代に存在した主要な堂宇としては、金堂や念仏堂のほかに五重塔、観音堂、常行堂、法華堂、釈迦堂、曼荼羅堂、舞殿、鐘楼、中門、南大門などが知られ、中門と金堂は回廊で結ばれていたとある。また、「諏訪南宮社」が近在の今溝荘の地頭によって寄進されているが、これは律令制下に官社に列していた健御名方富命彦神別神社《たてみなかたとみのみことのひこのかみわけのじんじゃ》の後身で、当時すでに善光寺の境内に立地していたことは注意されよう。これらのうち、五重塔が完成したのは嘉禎三年（一二三七）であったから、建久二年の時点ですべての堂宇が再建されていたわけではないことは明らかである。

寛元四年（一二四六）三月に行われた落慶供養は、当初計画されていた伽藍の全容がほぼ完成したのを機に行われたものとみられ、鎌倉から勝長寿院別当の権僧正良信を導師に迎えたことが示すように、建久二年の供養を凌ぐほど盛大な規模であったようである（『吾妻鏡』）。また、当初檀那を勤めた名越朝時はすでに死去していたため、彼の遺言により、その子息の光時らが「大檀越」として執行したとある。当時の「檀那」「檀越」という語には、「願主（今日の施主）」を指す一般的用例のほかに、幕府の公的な造営事業等の責任者の意味で使用されている場合もあり、むろん、ここでは後者の意味である。しかし、名越氏はこの事業を任されたことが機縁で、北条氏一門の中ではいち早く善光寺信仰を受容していた。そのことは別邸を構えた鎌倉名越の地に、仁治三年（一二四二）以前に、すでに新善光寺が建てられていたことからうかがえよう（『北条九代記』）。

将軍家の追善供養の恒例行事化は泰時の晩年、延応元年（一二三九）七月から開始された。直接的には泰時の自らの病気が契機で、源頼朝以下の歴代将軍と併せて、政子を始めとする北条氏一族の菩提も弔わせた。このために、担当する念仏衆一二口の選任方法や座列のことなど、七か条にわたる細則を定めて執行させており、用途として小県郡の小泉荘室賀郷（現上田市室賀）の水田六町六段を不断念仏料所として施入した。その配分方法については、六町を念仏衆一二口に五段ずつを給し、六段は仏餉油料田とするように細かく規定している（『吾妻鏡』）。

しかし、こうした幕府主導の仏事も二〇年近くも経過するとしだいに退転したようで、五代執権の時頼は弘長三年（一二六三）三月、精勤を重視して器量の仁を選ぶことなどの指示を与えて、あらためて権別当俊範以下の一二口の不断経衆と検校俊然以下の一二口の不断念仏衆を結番（交代勤仕）させて、金堂での追善供養実施の徹底化を図っている。この用途として、善光寺の北東に隣接した水内郡深田郷（現長野市箱清水の周辺）の水田一二町を買得して充てることとし、それらの免田を二四等分して、経衆・念仏衆の各口に五段ずつ給することとした（『吾妻鏡』）。なお、不断念仏料の寄進はこれ以前にも、四代将軍となった藤原頼経の実父九条道家によって行われたことが、彼が晩年の建長二年（一二五〇）に処分した家領のなかに、その料所として水内郡千田荘（現長野市芹田の周辺）が見えることから知られる（九条家文書）。

こうした仏事のほか、建保三年（一二一五）には、幕府は善光寺の僧徒に絹布を賜ったことがある（『吾妻鏡』）。この年は地震や天候不順が続いたことが背景にあったようだが、こうした待遇も、やはり将軍家菩提所であったことによるものだろう。鎌倉幕府の保護は、善光寺の寺院機構や存在形態にも影響を及ぼすことになるが、そのことを述べる前に、鎌倉期を中心とした善光寺の組織や機構について触れておく必要がある。

鎌倉期の組織と機構

この点については中世の善光寺が授受した文書がまったく残されていないため、詳細は不明だが、当時の寺院に通有の僧職として、寺務を統括する別当職が置かれていたことはすでに述べた。すなわち、一一世紀頃に園城寺や石清水八幡宮寺の末寺化したことで、寺門派の僧や八幡宮寺僧が善光寺別当に補任されていたのである。鎌倉期以降は園城寺の末寺として定着するが、別当は通常は本寺におり、善光寺に居住していたわけではなかった。嘉禎三年（一二三七）の五重塔の落慶供養に際し、別当勝舜が臨席した例が知られているが（『吾妻鏡』）、こうした特別の行事を除くと信濃まで下向することはなく、新任の際の拝堂儀式さえも行われた形跡はない。

そのため、別当不在の善光寺で寺僧を代表し、事実上の寺院経営に当たっていたのが権別当である。権別当職は本寺の別当によって任免されていたようで、そのことは東巌慧安（臨済宗の京都正伝寺開山）の伝記『東巌安禅師行実』に見える次のような記事からわかる。

京都聖護院の執事であった静成法印が善光寺別当に在任中に、左衛門尉家重なる者を代官として遣わして寺務を執らせたところ、家重が上京することになったので、代わりに大和法橋なる僧を「雑掌」として派遣した。ところが、現地に赴いた大和法橋は年貢の未進をしたり、賄賂を取って勝手に権別当を別人に代えてしまうなどの悪政を行ったため、前任の権別当に訴えられて、雑掌を解任されたというのである。この事件は文永五年（一二六九）頃のことのようであるが、当時の本寺と末寺の関係を知るうえで貴重な逸話である。

第一に別当の代理として代官や雑掌が善光寺に派遣されて、権別当との連絡役に当たっていたことで、しかも、その代官が俗人（武士）であった点や、そもそも「雑掌」が本来荘園などの年貢徴収に関わる職名であった点は、園城寺と善光寺の本末関係がまったく荘園制支配に準じたものであったことを如実に示している。

第二に善光寺別当が聖護院の執事を兼ねていた点である。聖護院は園城寺の有力院家（門跡）で、平安末期以降は法親王の入室が慣例化し、院主は園城寺長吏を兼ねることが多く、さらに後には同寺の常住院から熊野三山検校職を譲られて、これを相伝していた。このように、善光寺別当が聖護院院主の側近を勤めるような、寺門派でも有力な僧が任命される所職であったことは、それだけ善光寺が経済的得分の対象として、園城寺から注目されていたことを物語るものであろう。ただ、歴代の善光寺別当の僧名については、その全貌は不明で、鎌倉期では前述の勝舜、静成のほか、正和二年（一三一三）六月当時在任していた源基が知られるくらいである。

権別当は寺内居住僧の諸職の補任権を有していたが（四巻本『善光寺縁起』）、そのもとで寺内組織がどうなっていたかについては、ほとんど手がかりを欠いている。三綱職は置かれていたと思われるが、それさえも残された史料には所見がない。確認できる役職は、先に触れたように、建長五年（一二五三）の供養の導師維真が「学頭」職にあったことや、弘長三年（一二六三）に定められた念仏衆を率いた俊然が「検校」と見える例があるくらいである。中世には、ある程度の規模を有した寺院は、少なくとも学侶と堂衆という二つの階層によって構成されていたが、上記の学頭や検校は学侶層であったと思われる。

それに対して堂衆がいたことは確かで、北条政子が寄進した念仏堂がその拠点となっていたようである。四巻本『善光寺縁起』によれば、ここには鎌倉時代後期頃、四八人の「時衆」が居住していたとあるが、かれらは室町時代から史料に現れる「妻戸衆」の前身と思われる。時衆とは「六時念仏衆」の略語で、昼夜六時に念仏を唱えることを任務とした僧衆を意味し、近世初頭に確立する教団としての「時宗」とは無関係である。なお、北条氏によって設置された「不断念仏衆」の構成メンバーが、ここでいう「堂衆」と同一のものかどうかははっきりしない。

中世善光寺の宗派性

宗派に関わる話題が出てきたので、ここで便宜的に善光寺の宗派性について概略触れておく。中世の宗教界は顕密体制あるいは八宗体制と呼ばれるように、奈良時代以来のいわゆる旧仏教系の教団が支配的であり、俗に「鎌倉新仏教」と呼ばれる六つの宗派は、鎌倉時代にはまだ教団を編成するほどには至っておらず、組織的にはいずれも微々たる集団にすぎなかった。一方で地方寺院はどうかといえば、多くは中央の顕密体制の枠外にあって、特定の教団には属していなかったとするのが通説的な理解であり、善光寺も同様であったと思われる。屢述したように善光寺は園城寺の末寺であったが、当時の本末関係は荘園制に準じた領知関係を本質としたもので、末寺だからといって天台教学を強要されていた形跡はないし、常住僧も寺門派のみで占められていたわけではない。むしろ、通常は在地に根ざした独自の仏事を営んでいたと推測され、寺院を構成していたのはさまざまな教説を学び、互いに異なる法流に属した僧徒や聖たちであったとみられる。

その点をよく示す記事が日蓮の書状にある。すなわち、日蓮は日頃から「善光寺縁起」の矛盾を鋭く批判していたため、文永一一年（一二七四）三月、佐渡流罪から赦免されて鎌倉に至る途次、善光寺の「念仏者・持斎・真言等」は一行が門前を通過するのを阻むべく、雲集して僉議した。その様子を弟子に書き送っているのだが（『日蓮上人遺文』種々御振舞御書）、ここには念仏者だけでなく真言系と目される僧徒もいたことが述べられている。「持斎」の解釈には異論もあろうが、午後は食事を摂らない八斎戒衆のこととみられ、そうなると戒律遵守を旨とする律僧も居住していたことがうかがわれよう。こうした点から、当時の善光寺は極楽浄土思想や阿弥陀信仰を鼓吹した霊場寺院という側面を有しながら、僧団組織の点からは、天台・真言系の学侶層と念仏系の堂衆を中核に、さまざまな身分の僧徒を包含する顕密系寺院であったと想定してよいだろう。そのことは、将軍家菩提所に位置付けていた幕府も、落慶供養の際には原則として、密教の修法である曼荼羅供を執行させていた点からもうかがえるところである。

以上のような常住僧のほかにも、中世には善光寺と密接な関わりを有する宗教者たちがいた。その代表は、造営事業に際して寄付金調達のために、臨時に起用される勧進聖たちである。東大寺再建に尽力した重源や栄西は有名であるが、善光寺の場合にも嘉禎三年（一二三七）、寛元四年（一二四六）、建長五年（一二五三）のおのおのの落慶供養が行われた際の勧進担当者が浄定上人、親基上人、勧養坊であったことが知られている（いずれも『吾妻鏡』）。勧進聖は通例、禅律僧や念仏僧などの遁世僧が雇用されるのが原則であった。このほか、善光寺を拠点の一つとしながらも、各地を遍歴していた聖たちも多かった。建久六年（一一九五）に、善光寺の本尊を最初に模刻させたことで知られる尾張の定尊は、その一人である。こうした聖たちは、勧進活動を通じて善光寺信仰を各地に広めるのに重要な役割を果たした宗教者だが、善光寺の常住僧とは区別して考える必要がある。

鎌倉幕府の介入

善光寺が源頼朝によって再建され、やがて将軍家菩提所となったことで、それまで園城寺を唯一の後ろ盾としていた善光寺は、鎌倉幕府からも経済的な保護を受けるようになったが、それに伴いさまざまな介入も余儀なくされた。それはまず、地頭の設置である。頼朝在世中のことで、補任されたのは下野の有力御家人、小山朝政の弟長沼宗政であった（『吾妻鏡』）。宗政は「生身阿弥陀如来」との結縁のために自らこの地位を望んだというが、寺院に地頭が設置されることはそれほど珍しいことではなく、諸国の国分寺などは代表的な例である。いずれも寺辺に有した広大な寺領が、荘園・公領として無視できない存在であったことによるが、善光寺の場合はそれだけでなく、境内や門前の狼藉を鎮め、住侶を安堵させる目的もあり、もともと寺家側の要請によるものであった。しかし、承元四年（一二一〇）には本寺である園城寺の申し入れにより停止された。地頭は一般に領主化を志向するのが常であったから、寺家側がしだいに脅威を感じて、その停廃を求めるのは当然であったともいえよう。

それから二六年目の嘉禎二年（一二三六）に至っても、長沼宗政の旧代官がなお領内で非法を行っていると、善光寺側は幕府に訴えている（『吾妻鏡』）。寺辺ではその後も、こうした在地領主層の非法や悪党の横行が絶えなかったようで、幕府は善光寺に近在した水内郡内の荘園・公領の地頭を新たに善光寺奉行人に任命して、警固に当たらせた。その面々は東条荘和田郷の和田石見入道仏阿（平繁氏か）、平林郷の原宮内左衛門入道西蓮（惟宗氏）、窪寺郷の窪寺左衛門入道光阿（滋野宗秀か）、後庁郷の諏訪部四郎左衛門入道定心（源氏）の四名の御家人であった。しかし、これも職権外のことに介入したとの訴えがあり、文永二年（一二六五）には廃止されるに至っている。この当時は、善光寺が自立化を志向していた時期でもあり、前述したように、別当静成が派遣した雑掌を解任するよう、本寺に訴えたのもほぼ同じ頃であった。

一方、鎌倉幕府は公的には伝統的な顕密仏教に依存するなかで、北条氏得宗家はしだいに新興の禅律を保護する政策に転じ、臨済宗を積極的に受容するとともに、戒律復興を唱える西大寺流律宗を援助して、さまざまな慈善救済活動を行わせた。とくに後者は鎌倉時代としては最大規模の教団で、叡尊の鎌倉下向を機にその傘下に入った関東の念仏系寺院は少なくなかった。その中心は忍性が住した鎌倉極楽寺で、近在の武蔵国金沢の称名寺や名越の新善光寺も同様に律院化した。信濃善光寺にも、こうした西大寺流の律院化の波が押し寄せたことを示唆する伝説が残されている。それは前にも触れた、四巻本『善光寺縁起』に所見される、念仏堂の時衆をめぐる次のような逸話である。

鎌倉時代後期頃のことだが、念仏堂に居住していた四八人の時衆が不律極まりないため、権別当がこれを改易し、鎌倉の極楽寺に要請して律僧を迎えて浄行持律を守らせたところ、律僧の夢に、追放した時衆を還居せよとの如来のお告げがあったため、再び呼び戻したという。時衆は妻帯していたか、もしくは僧尼が同居していた形跡があり、「不律極まりない」とはこうした不邪淫戒に違犯した行為を意味している。善光寺内にも持律僧がいたらしいことは前述したが、上記の伝説は教団としての西大寺流律宗が、善光寺には進出することができなかったことを反映するものとみてよいだろう。

善光寺には、ほかにも参籠中の男女が性的関係を持ったといった伝承が残されているが（『善光寺別当伝略』）、女人救済を積極的に進めた霊場寺院ではこうしたことは実際にありえたことで、その点で幕府からも警戒されていた可能性は否定できない。しかし、律院化を受け入れれば、僧寺である以上、女人禁制策に方向転換せざるを得ず、収入源の減少を危惧する寺家側としては、こうした動きに絶えず抵抗を示していたとみられる。当時、「伊勢の海の清き渚はさもあらばあれ我は濁れる水に宿らん」（『玉葉和歌集』ほか）といった、善光寺如来に詠み手を託した歌が少なからず流布したのは、そのような善光寺の立場を代弁したものである。のちには、女人の参籠は外陣のみに限定されていったことが、謡曲『柏崎』や御伽草子の『大仏供養物語』から知られるが、これは破戒行為の横行に対する批判をかわすためにとられた措置と思われる。

鎌倉期の火災と再建

鎌倉幕府の善光寺への対応は、その後の再建事業に対しても一貫して見られた。治承三年（一一七九）の被災のあと鎌倉時代の間に、善光寺では金堂の焼失を伴う火災は、文永五年（一二六八）と正和二年（一三一三）の二回起こっている。

前者は四巻本『善光寺縁起』や『続史愚抄』などによると、同年三月一四日の酉刻に西門から出火し、わずかに本尊は取り出されたが、堂塔は一宇も残さず全焼したとある。火災の原因は近郷の武士、井上盛長の放火によるものであった（『尊卑分脈』）。井上氏は清和源氏の一流で、頼信の孫満実の時に高井郡井上郷に土着したようで、平安末期には北信濃の有力な在地領主に成長していたが、源平合戦で勇猛な働きをした光盛は、かえって源頼朝から疎まれて粛清され（『平家物語』諸本）、その後も一族中には承久の乱で京方に味方する者が現れるなどして、高井郡内の支配権は同族の高梨氏に取って代わられている。放火事件の背景には、井上氏の間に燻《くすぶ》っていた幾多の不満が関わっていたようである。この時の再建事業は罹災後ただちに開始され、文永八年（一二七一）一〇月には早くも金堂などが落成した。塔の再建は正安元年（一二九九）までかかったから、この時すべての堂宇が復興したわけではないものの、その迅速さには目を見張るものがある。

ついで、正和二年の火災は三月二二日に起こった（『北条九代記』『一代要記』など）。この原因や被害状況などは不明だが、少なくとも金堂や鐘楼が焼失したことは確かである。再建の経緯や時期もはっきりしないが、損傷した源頼朝坐像が文保三年（一三一九）に修復されたことは前述した。また、同じく武田信玄に持ち去られて甲府市の善光寺に現存する梵鐘（**図12**）には、「正和二年歳次癸丑六月日作」の年紀が縁起文などとともに刻まれている。これは被災から約三か月後に当たるから驚くべき早さである。この梵鐘銘のみからすれば、火災以前にその再鋳が始められていたのではないかとの見方も生じようが、この時の再建事業

図12　甲斐善光寺に伝来した正和2年（1313）在銘の梵鐘。表面に擦過痕が無数にあり、「引き摺りの鐘」と呼ばれる。

が迅速に進められたことは、虎関師錬の『善光寺飛柱記』（『済北集』巻七）に記された、次のような奇瑞からもうかがうことができる。

善光寺が火災に遭って一年後のこと、柱の用材として切り出された巨木が自ら空を飛んで、山中の難所から平地に移動したとの噂が都まで伝わってきたが、師錬は容易に信じることができなかった。ところが、その年の一二月、たまたま善光寺の主事（権別当のこと）の円西という僧が上洛して会見する機会があったので、その真偽を尋ねたところ、事実であると得々と語ったので、師錬も最後はそれを信じざるを得なかったとある。この飛柱譚は文永五年の火災後の対応と同様に、幕府による復興がいかに急ピッチで進められたかを反映する逸話であろう。

同書には材木の供給地として埴科郡倉科荘（現千曲市倉科）など三か所が挙げられており、

とくに巨木は倉科荘の領主の「喜捨」であったと記されている。倉科荘の当時の地頭は屋代氏（村上氏と同族）とみられるが、こうした幕府主導の再建事業に当たっては、勧進聖による募金活動とともに、現地の地頭・御家人層の協力が不可欠であった。幕府がそうした在地領主層を動員し、短期間で復興を成就させることが可能であったのも、将軍家菩提所であったことが大きく関わっている。ちなみに、円西が虎関師錬に面会した理由だが、師錬が師事した南禅寺二世住持の規庵祖円は、水内郡長池郷（現長野市北長池・南長池）出身であったことから、再建に当たって同郷の縁で何かしらの協力を求め、その謝意を示すためではなかったかと推察される。

もう一つ、幕府による再建事業を通じて判明するのは、その時々の仏教政策が、落慶供養に派遣された導師僧の出身にも影響を与えていたという事実である。平雅行氏が明らかにしたように、鎌倉幕府と顕密仏教との関わりは必ずしも寺門派一辺倒ではなかった。すなわち、鎌倉仏教界の中核となった頼朝建立の三か寺のうち、鶴岡八幡宮寺と永福寺の別当は寺門派と真言系の僧がほぼ交互に補任されていたのに対して、勝長寿院の別当は当初は真言宗の僧が勤め、のちには山門派に独占されるに至っている。また、幕府の政策は時期的にも変遷しており、源氏三代将軍の時期（一一八〇―一二一九）と執権北条時頼・時宗の時期（一二四六

―八四）は寺門派が圧倒的に優勢であったのに対して、その間の摂家将軍九条頼経の時代（一二一九―四六）には、寺門派僧（鶴岡八幡宮寺別当）の公暁による源実朝暗殺のあとを受けての将軍職就任であったことや、九条家が青蓮院門跡と密接な関わりを有したことも相俟って、山門派に対する優遇策が顕在化した。

そこで、幕府主催の善光寺供養の導師をみると、建久二年（一一九一）には寺門派の大阿闍梨円暁と阿闍梨忠豪が勤めており、とくに円暁は鶴岡八幡宮寺の初代別当（社務職）であった。ところが、寛元四年（一二四六）三月の供養では勝長寿院別当の良信が勤めており、彼は延暦寺妙香院出身の山門派の僧であった。ついで、文永八年（一二七一）の供養では、再び鶴岡八幡宮寺別当で園城寺長吏を兼ねていた寺門派の隆弁が、請僧二〇口を率いて導師を勤めていた。こうした経緯から、上記の政策が善光寺供養にも反映されていたことが確認できるのである。なお、この間、嘉禎三年（一二三七）の五重塔の落慶供養では、善光寺の住僧とみられる大弐律師円仙が導師を勤めたが、これは小規模な法会であったためかと思われる。注目されるのは、その際に善光寺別当の勝俊が園城寺から下向したことである（『吾妻鏡』）が、鎌倉時代中に別当の善光寺供養への臨席が知られるのはこれ一回のみで、この点からも、当時は本所たる園城寺よりも、幕府管轄の将軍家菩提所としての立場が優先されていたことがうかがわれよう。

このように、善光寺が将軍家菩提所に位置付けられたことで、善光寺信仰はこれまでの貴族層や宗教者に加えて、あらたに地頭、御家人を中心とする武士層によって受容され、全国的な展開を遂げることになるのである。

北条氏一門の善光寺信仰

北条氏一門の中で、早くから積極的に善光寺信仰を受容していたのは、前述したように名越氏であった。同氏は四代将軍九条頼経に近侍し、得宗家に比肩しうる存在と目されていたが、寛元四年（一二四六）の善光寺供養を終えた二か月後に、光時らが執権時頼の打倒を計ったとの理由で失脚する事件が起きた。いわゆる宮騒動である。その後さらに、文永九年（一二七二）の二月騒動でも打撃を受け、これ以後、善光寺信仰の最大の信奉者は、しだいに一門の金沢氏に移っていったようである。

金沢氏がそれ以前から善光寺信仰を受容していたことは、称名寺（現横浜市金沢区）境内にあった金沢氏の祖とされる実泰（泰時の弟）の墓所が、「善光寺殿御廟」と呼ばれていたことから知られるが（『称名寺結界絵図』、**図13**）、名越新善光寺の経営にもしだいに関与するようになった形跡がある。延慶三年（一三一〇）当時、この名越新善光寺の下手に金沢実時

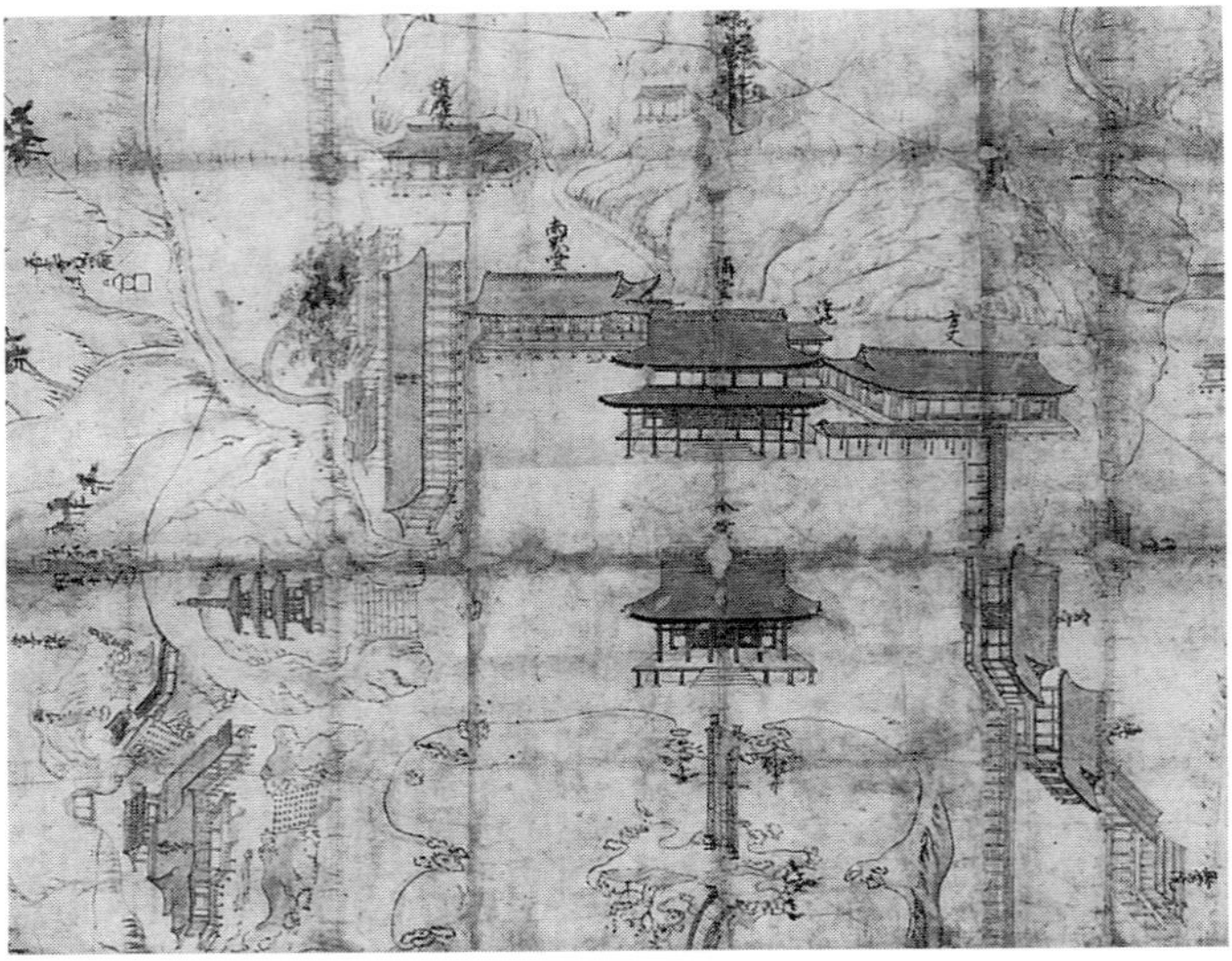

図13 『称名寺結界絵図』（部分）。左上隅の五輪塔が金沢実泰の墓所（善光寺殿御廟）

の所有地が存在していたこと（東寺百合文書）や、元徳元年（一三二九）鎌倉大仏修造の大勧進を勤めていた名越新善光寺の長老によって、費用調達のために中国に貿易船を派遣する計画が浮上した際、金沢貞顕がこの事業を援助していたことなどが（金沢文庫古文書）、その点を示唆している。貞顕については、六波羅探題の任にあった当時、京都一条大宮の新善光寺（応仁の乱後に泉涌寺内に移転）の長老に帰依し、保護を与えた事実もある（新善光寺文書）。

また、金沢氏の所領や称名寺の寺領に新善光寺が建立されることもあった。陸奥国遠田郡平針郷（現宮城県遠田郡小牛田平針）や、上総国天羽郡佐貫郷北方（現千葉県富津市佐貫）にかつて存在した新善光寺は、そうした例である（以上、「金沢文庫蔵聖教識語」）。ほかにも、千葉県市原市の満光院（現在は櫃狭《ひつば》公民館）に伝来した善光寺式如来像は、背面陰刻銘によれば文永一一年（一二七四）に鎌倉大仏住侶の寛蓮が、その勧進を担当した浄光上人と亡き両親の供養のために造らせたものだが、この寺の所在地は金沢氏の所領として知られる上総国土宇郷もしくは与宇呂保《ようろのほ》（いずれも市原市内）の領域内に比定されている。

このほか、鎌倉時代の数少ない「善光寺縁起」の一本である『善光寺如来事』が称名寺（金沢文庫保管）に伝わり、しかもこれを所持していた了禅は信濃善光寺を実際に参詣していたことが推測される。称名寺の二代長老となった明忍房釼阿《じんあ》も自ら善光寺参詣を遂げていたことが知られ、ほかにも称名寺関係の僧で御堂供養に招かれたり、金沢氏領であった太田荘石村・大倉両郷（現長野市豊野町）の現地経営のために下向した折に立ち寄る者もおり、なかには庵を構える例もあったようである（以上「金沢文庫古文書」）。

称名寺は金沢実時の持仏堂に起源を有し、叡尊の鎌倉下向を機に諸宗兼学の律院として発展していった寺院だが、以上の例からすると、関東における善光寺信仰の拠点的な寺院としての役割も果たしていたことがうかがえよう。この背景には、金沢氏が西大寺流律宗の外護者でもあり、名越新善光寺が律院化したことも大きく関わっていたことが考えられる。

東国御家人の善光寺信仰

北条氏以外で、善光寺信仰を受容した有力御家人といえば、まず下野国の宇都宮氏が挙げられる。頼綱（実信房蓮生）と朝業（信生房昇蓮）の兄弟はともに法然房源空の門に入り、法然亡き後はその高弟で京都西山の善峰寺に居した善恵房証空の弟子となっていたが、証空には善光寺を訪れた経歴があった。頼綱が善光寺を参詣した事実は確認できないが、善光寺如来が来臨する夢を見てから信心を深め、その功徳で正元元年（一二五九）に西山の草庵で往生の素懐を遂げることができたとの逸話が残る（四十八巻本『法然上人絵伝』）。宇都宮には慶長二年（一五九七）に廃寺となった新善光寺が存在したが、これは頼綱が建立した可能性が高いだろう。弟の朝業については、嘉禄元年（一二二五）に、信濃国更級郡の麻績御厨《おみのみくりや》（現長野県東筑摩郡麻績村）に流罪となっていた旧友の伊賀光宗を見舞いがてら、善光寺を訪れて参籠したことが知られている（『信生法師集』）。

一方、頼綱の子泰綱（実相房順蓮）は証空と諮り、嘉禎三年（一二三七）大和当麻寺（現奈良県北葛城郡当麻町）の「当麻曼荼羅」を絵師の法眼澄円に模写させて、信濃善光寺の曼荼羅堂や宇都宮（二荒山神社）神宮寺に奉納した（『当麻曼陀羅疏』）。親鸞の弟子といわれる真仏の持仏堂で、善光寺式如来像を本尊とした下野国芳賀郡大内荘の高田如来堂は、のちに浄土真宗高田派本寺となる専修寺（栃木県真岡市高田〈旧芳賀郡二宮町〉）に発展するが、当寺を一貫して外護したのも宇都宮氏一族の芳賀氏であったようである（専修寺文書）。ちなみに、宇都宮氏の祖とされる宗円は、もと園城寺僧であったとする説が近年有力になっており、このことも一族が善光寺信仰を積極的に受容した背景にあるかもしれない。

宇都宮氏の同族で常陸国の守護を勤めた小田氏や宍戸氏にも、善光寺への信仰が顕著にうかがえる。茨城県石岡市太田（旧新治郡八郷町）に善光寺が現存するが、ここは鎌倉時代に小田氏の所領であった常陸国北郡太田郷に該当する。『小田系図』によると、八田知家（宇都宮朝綱の弟とされる）の子小田知重は法名を蓮定といい、「新善光寺殿」とも呼ばれたと見えるから、すでに知重の代に建立されていた可能性もある。文永一二年（一二七五）に知重の孫の時知（法名玄朝）は、この新善光寺に大日如来像を寄進したことが知られるが（笠間市上加賀田大日堂の大日如来像膝下墨書銘）、『沙石集』の説話（内閣文庫本巻第二）に登場する「常州北郡の不断念仏堂」はこの太田新善光寺をモデルにしたものとするのが通説である。

宍戸氏も同様に新善光寺を建立したが、その跡地とされる場所が現在の茨城県笠間市平町

（旧西茨城郡友部町）にあった宍戸氏の居館跡に隣接して残されている。この宍戸新善光寺は明治初年に廃寺となったものだが、文禄元年（一五九二）に檀那の宍戸氏が佐竹氏らに敗れて常陸国真壁郡の海老ヶ島城（茨城県筑西市海老ヶ島〈旧真壁郡明野町〉）に退いた際、同地に移されていたもう一つの宍戸新善光寺があった。筑西市松原に現存する、通称「海老ヶ島新善光寺」と呼ばれるのがこれである。

宇都宮氏と並ぶ下野国の有力御家人であった小山氏も、本領の小山荘（現栃木県小山市内）に新善光寺を建立していた。宗俊本『遊行上人縁起絵』には、永仁五年（一二九七）遊行二代の他阿真教が当寺を訪れ、如来堂に逗留したことが記されている。当時の寺地は、現在地（小山市卒島字町屋）よりも西方約数百メートルのところ、日光男体山を背後に望める景勝の地にあった。ここには「道場」の字名も残り、かつては掘割の一部や石造物も確認できたといわれるが、今は水田化して当時の面影はない。

ところで、小山氏一族のなかでも熱烈な善光寺信仰の持ち主であったのは、信濃善光寺の地頭職に補任された長沼宗政である。『吾妻鏡』によれば、「生身阿弥陀如来」と結縁するために自らこの職を望んだとあるが、承元四年（一二一〇）には本所園城寺の申し入れで停止されるに至ったことは前述した。宗政は摂津国の守護、のちには淡路国の守護も兼ねた有力御家人であり、頼朝の側近で下野国守護職にあった小山朝政の弟に当たる。

このほか、善光寺信仰を受容した関東の有力武士として、下総の千葉氏や下野の那須氏などが知られ、彼らが檀那となって造立された善光寺式如来像は、現存しているものだけでも千葉氏一族が四件ほど、那須氏一族も三件が知られている。また、板碑の源流とされる石造遺品（初発板碑）に善光寺式如来像を刻んだ事例が、旧武蔵国比企郡内（現埼玉県東松山市とその周辺）に集中して残存しており、当地を本貫地とした初代信濃守護の比企氏との関連が想定されている。

御家人らの善光寺信仰の痕跡は仏教遺物のみではなく、彼らの間で流行し宴席などで歌われた、早歌（宴曲）と呼ばれる歌謡にも残されている。その大成者は『宴曲抄』の編者として知られる明空だが、彼の作品に「善光寺修行」と「同次」の二曲がある。これは鎌倉由比ヶ浜を発し、鎌倉街道上道を経て、碓氷峠越えで信濃善光寺に至る道筋を、途中の地名（歌枕）をたどりながら、和歌の技巧を用いて詠み込んだものである。早歌には「現尔也娑婆《げんやさば》」と「理里有楽《りりうら》」の異名があり、併せて三つの名称があること（一体三名）から、善光寺如来の一光三尊像に倣ったもので、構想そのものに善光寺信仰の影響があったとする見解もある。早歌の作詞・作曲者には金沢氏や二階堂氏などに比定できる例もあり、善光寺信仰が幕府中枢部にいた有力御家人層に浸透していたことが、ここからもうかがえよう。

新善光寺の立地の特徴

以上のように、東国を中心とする武士たちの善光寺信仰で顕著に見られたのは、信濃善光寺の阿弥陀三尊像の模刻像を造り、これを本尊として安置するための寺院を所領内に創建したり、もしくは既存の寺院内に善光寺如来堂を建立することであった。一般に新善光寺と呼ばれるものがこれである。今日、正式寺号を「新善光寺（あるいは単に善光寺、善光院）」としている寺院は、全国に八十余か寺あるが、その多くは成立年次が比較的新しく、近世以降、場合によっては近代になってから新善光寺と称するようになったものも少なくない。

これに対して、中世の史料上で確認される「（新）善光寺」は、今のところ鎌倉期、南北朝期におのおの約二〇か寺、室町・戦国期には三〇か寺以上確認されるが、南北朝期に初見されるものも、実際の建立時期は鎌倉時代に遡りうるのではないかとみられる。こうした中世の新善光寺には立地上、共通する著しい特徴があった。それは交通の要衝という点で、より具体的には、①幹線道路沿いや主要道の交差する十字街に面した場所など陸上交通の要地、②大河の渡河点や津泊に臨んだ場所などの水上交通の要地、③京・鎌倉や地方では府中のような商業交易の繁栄していた都市的な場、といったほぼ三つに分類することができる。

①の例としては、まず近江国栗太郡高野郷の栗東新善光寺が挙げられよう。同寺は滋賀県栗東市に現存し、境内に残る石造宝篋印塔銘によって弘安三年（一二八〇）までに建てられたことが推定される。この付近はかつて東海道と東山道（近世には中山道）の追分に位置し、しばしば戦場ともなった東西交通の要衝に当たる地点である。現在も国道一号線と八号線の分岐点に当たり、名神高速道路のインターチェンジも近い。肥後国玉名郡小原《こばる》村（この小原村は中世の所領単位の村で、近世村とは異なる。現熊本県玉名郡南関町小原の周辺）の善光寺も、かつての西海道（近世には豊前街道）に沿い、筑後との国境に接する地点に位置した寺である。付近には、古代に大水駅が置かれ、中世には大津山関が設けられて、たびたび戦陣が敷かれるなど交通上、軍事上の要地であった。なお、現在の本尊は聖観音菩薩立像で、善光寺信仰の影響はほとんど失われ、わずかに当寺の縁起に「善光寺縁起」の影響の片鱗がうかがわれるのみだが、こうしたことは遠隔地の新善光寺にはまま見られることで、当初は善光寺信仰によってできた寺とみてよいと思われる。

前に触れた、北条氏を檀那とした陸奥国遠田郡平針郷の新善光寺は、現在は廃寺で寺地も不明だが、中世の平針郷は東山道と出羽および石巻・三陸海岸方面を結ぶ交通路が交差するあたりに所在した郷で、旧小牛田《こごた》町（現宮城県遠田郡美里町）に「平針」の字名が残る。

R小牛田駅は近代以降、東北本線と陸羽東線・石巻線の分岐点となり、鉄道交通の要所として全国的に知られたところである。このほか、越前国坂井郡の赤坂新善光寺（福井県坂井市丸岡町赤坂に寺跡が残る）や同国敦賀郡の井川新善光寺（福井県敦賀市井川に現存）など、古くからの幹線道路沿いに立地した例は少なくない。

②の代表的な事例は武蔵国足立郡の川口善光寺（現埼玉県川口市舟戸町）である。この寺は現在も東京都と埼玉県との境をなす荒川の河川敷に立地しているが、荒川は中世には入間川といい、武蔵野を横切る大河（利根川支流）の一つで、鎌倉から上野・信濃・越後、さらには陸奥方面に向かう幹線道路の渡し場がこの川口にあり、対岸の豊島郡岩淵（現東京都北区岩淵町）とともに、多数の遊女たちが集住する宿として賑わったところである。川口善光寺は正応二年（一二八九）二月に、川越入道後家尼に導かれて善光寺参詣に向かった『とはずがたり』の作者、二条（久我雅忠娘）一行が旅の出発点とした寺と推定されているが、近年発見された寛文九年（一六六九）の「仁王門再興記木札銘」によって、正応二年八月に同寺の仁王門ならびに仁王像が造立されたことが判明し、二条が訪れた頃にちょうど建立されつつあったことが明らかとなった。

津泊を臨む地に所在した例としては、越前国坂井郡河口荘本庄郷に所在した中浜新善光寺がある（六十巻本『正法眼蔵』奥書）。この寺は現存していないが、福井県あわら市芦原町中ノ浜の寺崎付近に寺地が比定される。このあたりは中世には、北陸道に沿った金津の宿と日本海の良港三国湊を結ぶ交通路の沿線に位置し、興福寺・春日社領（のち大乗院領）の大荘園、河口・坪江荘の年貢集積地の一つとして栄えた場所であった。

③の例としては、すでに挙げた鎌倉の名越新善光寺や京都一条大宮の新善光寺がその代表だが、地方都市というべき諸国の府中に存在した例も少なくない。常陸国茨城郡茨城村（現茨城県石岡市茨木）の仏国山新善光寺は今は万福寺と寺号を変えているが、ここは当時の常陸府中の地であった。本尊の善光寺式如来像は現存し、胎内木札銘によれば永仁三年（一二九五）に造立されたものである。同様に、『太平記』には越前国丹生郡の府中新善光寺が所見され、現在は廃寺だが、旧地に当たる福井県武生市京町の正覚寺に法灯が継がれている。また、肥前国佐嘉郡の新善光寺は正平二二年（一三六七）までに建立されたことが知られ（多久文書）、文明二年（一四七〇）の兵火で焼失するまで府中五山と呼ばれる寺院群の一つであった（『歴代鎮西要略』）。寺地は不明だが、肥前府中（現佐賀県佐賀市大和町の周辺）の一郭に位置していたと思われる。

このように、当時の新善光寺は、人々で賑わう交通の要地や都市的な場に立地していたことが特徴として挙げられるが、それは善光寺如来が広範な人々に受容される流行仏であったという性格をよく示している。また、その背景には建立に関わった檀那である在地領主層が、周辺の農民や往来する宗教者や職人などを含めた幅広い階層をも救済の対象にしようとした、撫民的な意図が存在したことを物語るものであろう。

モンゴル襲来の影響

鎌倉時代の後期に、アジアからヨーロッパにまたがる大帝国を打ち立てたモンゴル（蒙古）は、日本にも二度にわたって襲来したが、この際にも善光寺信仰がさまざまな形で影響を与えていた。幕府による対モンゴル政策の基本方針は、西大寺流律宗教団と連携しつつ、「宗《むね》たる寺社」に対して『大般若経』読誦による異国調伏祈禱を行わせることで、対象は当初の鎮西から次第に西国、最終的には東国まで範囲を拡大し、信濃国でも伊那郡の伴野荘や伊賀良荘などの北条氏所領内では、率先して寺社の整備事業が進められたことが確認できる。なかでも注目されるのは、関東御領で北条氏が預所職を有した諏訪上下宮（現在の諏訪大社上社・下社）の神宮寺の造営が、正応元年（一二八八）から開始されたことであった。

ところが、善光寺の場合には残された史料に依る限り、幕府から調伏祈禱の要請を受けた徴証はうかがえず、これは将軍家の菩提所という位置付けによるものではないかとも思われる。しかし、未曽有の国難に対する不安や危機感を持った知識人の中には、善光寺如来に縋ろうとする者もいたことは確かで、遠方からの善光寺参籠者が増加するのはこの時期からであった。文永八年（一二七一）の春、一遍が修行先の大宰府近郊の原山から突如善光寺を目指したことや（『一遍聖絵』）、弘安一〇年（一二八七）には、後に讃岐善通寺の中興開山となる宥範が、弱冠一八歳で善光寺での修行を志してやってきたのは（『贈僧正宥範発心求法縁起』）、その好例である。とくに一遍は、文永の役（一二七四）と弘安の役（一二八一）の間にあたる弘安二年（一二七九）から翌年にかけての時期に再び善光寺を訪れたが、この時はかねてからの懸案であった、承久の乱後に流罪地で死去した祖父河野通信を始めとする一族の菩提を弔うことに真の目的があった。一見「布教活動」と思われがちな彼の行動様式も、仔細に検討すると、その背景にはモンゴル襲来の影響が色濃く及んでいたことが看取される。

この時期に善光寺信仰が高揚したことは、新善光寺の建立や善光寺式如来像の造立という点からもうかがうことができる。鎌倉時代の史料に見える「新善光寺」は二〇か寺ほどだが、このうち文永・弘安年間前後の時期に史料上に初見のあるものは七例ほどある。前に触れた越前国の中浜新善光寺はその一つで、遅くとも弘安二年までに造営が始められ、同九年（一二八六）頃に堂宇の棟上が行われたことが知られる（成簣堂文庫蔵大乗院文書）。紀伊国の粉河寺の塔頭として建立された善光院（同寺の大門西側に善光寺として現存）は、文永九年（一二七二）に得宗被官の安東氏らの武士層から寺領や供米等の寄進が相次いでおり（粉河寺文書）、この頃に創建時期が推定される。

また、信濃国佐久郡大井荘内に地頭大井光長を檀那として建立された落合新善光寺は、建長元年（一二四九）までに主要伽藍は完成していたようだが、弘安二年になって、それまでなかった梵鐘が新たに鋳造された（小海町豊里・松原諏訪神社蔵梵鐘銘）。異国降伏祈禱の要請に伴い、仏像・仏具等の整備が行われた寺社は全国に多く見られ、これもそうした一例と思われる。

善光寺式如来像についても同様のことがいえる。最新のデータによると、現時点で確認される善光寺式如来像は、木造・石造・板碑・絵像等も含めると、江戸時代までの作例は約六〇〇件に上る。このうち、慶長末年までの作例で、銘文等によって作製年次が判明するものは四十数件あるが、そのうち文永年間（一二六四―七四）のものは九件と突出しており、建治年間（一二七五―七八）のもの二件、弘安年間（一二七八―八八）のもの一件となり、いずれにしても文永・弘安年間を含む鎌倉時代後期に集中していることがわかる（**表3**）。

主な例を挙げると、備後安国寺（現広島県福山市）に伝来した善光寺式如来三尊像は、木

表3　造立年代の判明する善光寺式如来像の年代別分布

年代（三〇年ごとに区切る）	件数
一一九五—一二二四（建久六—元仁元）	3
一二二五—一二五四（嘉禄元—建長六）	3
一二五五—一二八四（建長七—弘安七）	14
一二八五—一三一四（弘安八—正和三）	11
一三一五—一三四四（正和四—興国五・康永三）	3
一三四五—一三七四（興国六・貞和元—文中三・応安七）	1
一三七五—一四〇四（天授元・永和元—応永一一）	0
一四〇五—一四三四（応永一二—永享六）	4
一四三五—一四六四（永享七—寛正五）	2
一四六五—一四九四（寛正六—明応三）	1
一四九五—一五二四（明応四—大永四）	0
一五二五—一五五四（大永五—天文二三）	1

一五五五—一五八四（弘治元—天正一二）	0
一五八五—一六一四（天正一三—慶長一九）	1

註1　起算した「建久六年」は最古の紀年銘である、甲府善光寺本尊阿弥陀三尊像の左脇侍足柄陰刻銘による。
註2　中尊のみで脇侍を欠くもの、あるいは脇侍のみのものなど、伝来状況はさまざまだが、それぞれ一件として数えた。
註3　金銅像と木彫像のみとし、石仏・画像・板碑形式のものは除いた。

造で等身大というやや特異な様式だが、像内納入文書によると、文永一一年（一二七四）二月に平頼影を大檀那として、金宝寺（安国寺の前身）の本尊として造立されたものであった。また、千葉県市原市の満光院（櫃狭公民館）所蔵の善光寺式如来像（中尊）は、前述したように鎌倉大仏の住侶寛蓮が、勧進聖を勤めた浄光らの菩提を弔うために、同年三月に発願したものであったが、このことは、鎌倉仏教界の中枢部にまで善光寺信仰が浸透していたことを示すものである。この年の一〇月には文永の役が起こっており、善光寺如来像の造立を加速させた一因に、モンゴル襲来前後の対外的緊張関係の影響があったことは否定できないだろう。

東国御家人の西遷とその影響

文永八年（一二七一）、鎌倉幕府は西国に所職、所領を有する東国御家人たちに現地への下向を命じているが、これもモンゴル対策の一つであった。この政策によって惣領自らが移住したケースも多く、甲斐国を本貫地とした武田氏と小笠原氏が、おのおのの守護任国である安芸国と阿波国に入部したのはその代表的な例である。

こうした東国御家人のいわゆる西遷によって、西国所領に善光寺信仰がもたらされることも少なくなかった。肥後国詫磨郡の神蔵荘春武名には遅くとも建武五年（一三三八）までに新善光寺が存在したが（豊後詫磨文書）、当寺は地頭であった大友氏庶流の詫磨氏によって、鎌倉後期に創建されたと推定される。明治初年に廃寺となるまで、現在の熊本市中央区琴平本町に所在したのがこれである。長門国厚西郡の厚狭《あさ》荘には、常陸国笠間郡箱田郷（現茨城県笠間市箱田の周辺）を本貫地とする当荘の地頭、箱田氏によって建立されたとみられる新善光寺があった。応安四年（一三七一）、今川貞世（了俊）が九州探題として赴任する途次にここを一夜の宿とした際、「信濃国善光寺の如来をたしかに写し奉りける」と、その著作『道ゆきぶり』に書き残している。南北朝以降は長門守護の厚東氏が檀那となり、寺号も長光寺に変えられた。現在の山口県山陽小野田市郡にある洞玄寺が法灯を継ぐ寺とされる。

図14　現在の肥後小原善光寺（熊本県玉名郡南関町）

もう一つ興味深い例を挙げよう。前に交通の要衝に立地した例として取り上げた、肥後国玉名郡小原村の善光寺（**図14**）である。当寺は遅くとも延慶二年（一三〇九）までに建立されたと推定されるが（『新撰事蹟通考』）、檀那は小原村の地頭で、下野国安蘇郡佐野荘（現栃木県佐野市周辺）を本領とした佐野氏であった。本貫地に残った佐野氏一族は戦国期まで続き、その間に善光寺式如来像を二組造立したことが知られているが、西遷した佐野氏の方は南北朝内乱期に滅んだようで、代わって応安三年（一三七〇）に室町幕府から、勲功賞として小原村の地頭職を宛てがわれたのが小《しょう》代《だい》重政である（小代文書）。

小代氏は武蔵国入西郡小代郷（現埼玉県東松山市正代が遺名）を本領とした関東御家人だが、文永八年に西国下向を命じられ、庶子が所領の肥後国玉名郡野原荘（現熊本県荒尾市周辺）に移住していた。同氏は早くから善光寺信仰を受容し、小代郷が武蔵国でも指折りの鋳物師居住地であったこともあり、宝治三年（一二四九）には重俊ら親子三人が協力して善光寺式如来像を鋳造させ、領内の阿弥陀堂に安置している。埼玉県比企郡嵐山町大蔵の向徳寺現蔵の阿弥陀如来三尊像がこれである。西遷した小代氏も小原村の善光寺の檀那を引き継いだことが想定されるから、これは遠く離れた九州の地にあって、同じ東国出身の御家人による、新善光寺の創建と継承がなされた稀有の事例といえるかもしれない。

2　中世の仏教界と善光寺信仰

法然の門流

中世の仏教界で善光寺信仰を受容したのは、前代と同様に浄土信仰を信奉した念仏の徒が中心であった。法然（源空）自身は善光寺を訪れた事実はないものの、その教えを受けた念仏者たちや、のちの浄土宗につながる、その門流の宗教者たちには、善光寺での参籠を遂げた者が少なくない。平安末期の重源もその一人であったが、鎌倉時代に入ると、藤原通憲（信西）の子で高野聖の元祖とも評される明遍（空阿）や、西山義の祖とされる証空などが訪れたことが、四十八巻本『法然上人絵伝』（『法然上人行状絵図』ともいう）に見える。

証空は同書によれば、京都西山の善峰寺から善光寺までの間に、不断念仏の際の供料・供米だけで一一か寺の大伽藍を建立したとある。この記事を額面どおりに受け取ってよいかどうか疑問だが、善光寺信仰をたくみに利用しながら布教活動をしたことが背景にあってできた説話と思われ、善光寺を訪れたのは事実とみてよいだろう。善光寺で少なくとも二回参籠した一遍については、すでに触れたように生まれは生粋の武士層（伊予河野氏）だが、彼が師事した大宰府近郊の原山西弘寺の聖達や肥前国小城郡の清水寺（現佐賀県小城市の宝池院が法灯を継ぐ寺か）の華台は、ともに証空の弟子とされているから、一遍は証空の孫弟子に当たることになる。

法然のもう一人の高弟に、筑後善導寺に住し鎮西義の祖とされる弁阿弁長（聖光坊）がいるが、その弟子の然阿良忠は宝治二年（一二四八）に善光寺を訪れて四八日間の講説をし、これを皮切りに二九年間に及ぶ東国勧化の旅に出たという（『然阿上人伝』）。良忠は宗門では浄土宗第三祖とされる人物で、記主禅師と尊称された。門流はその死後に六派に分裂したが、とりわけ注目されるのは、鎌倉名越に善導寺を開いた尊観良弁（定蓮社）を祖とする名越流であろう。

尊観の門下に、善光寺南大門脇に月形坊という談義所を構えたという明心良慶がいたが、そのもとに弟子入りして浄土門を学んだ妙観良山は、師から授かった口伝を集大成して『開題考文抄』三巻を著し、やがて教団発展の中心的役割を果たした。その後、この門流は主として関東・東北地方に展開していったが、その拠点であった陸奥国岩城郡好島荘の専称寺（現福島県いわき市）の本尊は、かつて善光寺式如来像であったし、同国の如来寺（現福島県いわき市）や下野国の大沢円通寺（現栃木県芳賀郡益子町）などの名越派の中心寺院に、現在も鎌倉期から南北朝期の善光寺式如来像が蔵されているのは、善光寺信仰を利用しながら教線を拡張していったことを示すものである。

初期真宗の善光寺信仰

のちに浄土真宗の開祖とされるようになる親鸞も、法然の数ある弟子の中の一人で、独自の道を歩んだ念仏聖であった。その前半生については必ずしもはっきりしないが、一時期、善光寺の堂衆もしくは勧進聖ではなかったかといった見解が一部の研究者の間にはある。その根拠とされるのは、『高田開山親鸞聖人正統伝』に、建保二年（一二一四）越後流罪から赦免され、関東へ移住する途次、信濃国に滞留して善光寺に一七日間参籠したと見えることなどである。親鸞の配流先は当時の越後国府の近在で、現在の新潟県上越市板倉区の周辺に比定されるから、関東に向かうには信濃国を経由し、その道筋に当たる善光寺へ立ち寄ったことはまったく考えられないことではない。しかし、同書は親鸞の時代から五百年近くものちに、真宗高田派の僧五天良空が、同派の優位を主張する意図を持って執筆した物語的な祖師伝記であって、ここに記された善光寺での参籠や、さらに戸隠顕光寺にも参詣して「熊笹の名号」を認めたといった話は、そのまま事実とは認めがたいものである。

ただ、注目されるのは、彼が晩年に作成したとされる三種の和讃（三帖和讃）のうちの一つ、『正像末浄土和讃』の末尾に、俗に「善光寺和讃」と呼ばれる五首の和讃があり、善光寺如来が聖徳太子による「物部守屋誅伐」を助けた件りが述べられていることである。これは当時流布していた「善光寺縁起」に見られる説話と共通しており、親鸞自身もその唱導を見聞きする機会があったことをうかがわせるものである。宗門で「本願寺三世」と呼ばれる、親鸞の曽孫に当たる覚如（宗昭）が撰述した『親鸞上人絵伝』（『善信聖人絵伝』『本願寺聖人親鸞伝絵』などともいう）のうち、琳阿本（西本願寺所蔵）上巻末尾の「入西観察」（「定禅夢想」とも）の段（**図15**）には、弟子入西が師の真影を描かせるために連れてきた絵師定禅が、親鸞を見て、昨夜の夢に現れた「善光寺の本願の御房」とまったく同じ僧であることに感嘆したという記述が見える。この部分は追記とする説が有力で、のちになって和讃に示された善光寺如来への関心をもとに作られた伝承的記事と思われ、前掲の『高田開山親鸞聖人正統

図15　『親鸞上人絵伝』（琳阿本）上巻の「入西観察」の場面。親鸞（左から２人目）と対面した絵師定禅（左から３人目）が、昨夜の夢に見た「善光寺の本願の御坊」と同じ僧であることに感嘆している。琳阿本のみに見えるもの。

伝』の記述もそこらあたりから発展していった可能性もあろう。

また、前掲の五首の和讃はあくまでも「太子和讃」の一部として書かれたもので、当時隆盛していた太子信仰に付随する形で受容されたことを示している。この和讃についても親鸞の真作かどうか古くから疑義も出されているが、京都六角堂での百日間参籠中に聖徳太子の示現を得たという逸話は「恵信尼消息」にも見えるところで、彼が早くから聖徳太子を崇敬していたことは事実であろう。後年には『上宮太子御記』を書写したりしている。「初期真宗」で括られる念仏聖の一派は、いずれもこうした太子信仰を媒介として善光寺信仰を受容していたのが特徴であった。

その早い例として、親鸞の「面授の弟子」とされる真仏や源智が拠点とした下野国の高田の道場が、前にも触れたように当初は太子堂と善光寺式如来像を安置する如来堂からなっていたことは、その点が顕著にうかがえる好例である。在地領主層に出自を有する真仏らは、鎌倉初期から東国武士の間に流布していた善光寺信仰を、いち早く受け入れていたのであろう。その後、初期道場が「専修寺」という寺号を有する寺院に成長を遂げるにしたがって、他の真宗系寺院と同様に、親鸞像を安置する本堂（御影堂）が建立されるようになっていくが、それでも如来堂の役割は失われなかった。高田派は一五世紀後半に伊勢国の一身田（現三重県津市）に進出して無量寿院（近世初頭に専修寺を名乗る）を建立し、やがて「高田本山」（旧寺は「高田本寺」）と称するに至るが、両寺を含めて高田派の寺院では、独自性を主張する意味もあってか、善光寺如来への信仰を踏襲して今日に至っている。

戦国期に三河一向一揆を主導した「三河門徒」は、高田派の流れを汲む門流とされているように、愛知県の三河地方には聖徳太子の絵伝や木彫像とともに、「善光寺縁起」の絵伝を伝えている浄土真宗の寺院が多い。とりわけ、本證寺（安城市野寺町）、妙源寺（岡崎市大和町）、満性寺（岡崎市菅生町）に所蔵される「絹本著色善光寺如来絵伝」は、製作年次が鎌倉後期から南北朝期に遡り、いずれも三幅から四幅の掛軸装に仕立てられ、絵解きとして使用されたことを物語るものである。また、真宗系の寺院では「聖徳太子絵伝」と「善光寺如来縁起絵伝」が「法然上人絵伝」「親鸞上人絵伝」とともに、「四種絵伝」として祀られることも多かった。こうした聖徳太子信仰と善光寺信仰の融合は、じつは顕密系寺院では早くから見られたことで、この点についてはのちに一節を設けて述べる。

念仏系以外の宗教者

顕密系や禅宗の僧の間にも善光寺信仰は流布した。真言宗では、空海生誕地にある讃岐善通寺の中興開山宥範が善光寺を参詣したことはすでに触れたが、興福寺の僧で、のちに笠置寺に隠棲した法相宗の貞慶（解脱上人）にも、善光寺信仰と深く関わった形跡がある。東大寺図書館所蔵の『如意鈔』は貞慶の唱導文を収録したものだが、この中の「阿弥陀如来像造立開眼供養」と題する一編は、善光寺如来像の開眼供養のために鎌倉に赴いた際に草されたもので、その時期は元久二年（一二〇五）頃とされる。この文には信濃善光寺の本尊が「霊木」で造立されているといった事実誤認があることや、問題の善光寺如来像が名越新善光寺の創建に関わるものかどうかといった点など、検討すべき課題はあるが、貞慶は鎌倉初期の南都仏教を代表する学僧で、法然の専修念仏批判の急先鋒ともなった人物だけに、見過ごすことのできない事実である。

禅宗では、元から渡来した一山一寧の善光寺参詣が注目される。諏訪下宮の祀官出身で得宗被官の金刺満貞が、信濃最初の臨済宗寺院として建立した、諏訪郡の慈雲寺（現長野県下諏訪町）の開山に招かれた途次に訪れた。正安二年（一三〇〇）のことである。これには当時、一山が鎌倉の建長寺住持という要職にあり、地方に赴くことに幕府が難色を示したため、善光寺参詣を表向きの理由にして許可されたという背景があった（『雪村大和尚行道記』）。方便とはいえ、渡来禅僧が善光寺如来に関心を抱いたことの意義は軽視できない。建長寺といえば、室町時代にその住持を勤めた自厳竹隠がやはり善光寺を参詣したが、信濃に赴くに際しては義堂周信が信濃にいた大円禅師宛の偈を託したことが知られている（『空華集』）。

曹洞禅に関しても、前述した越前の中浜新善光寺で弘安二年（一二七九）、のちに永平寺第五世となる義雲が六十巻本『正法眼蔵』を書写したり、肥後の小原善光寺では延慶二年（一三〇九）、北条貞時が招いた宏知《わんち》派の東明慧日がまず当寺に逗留したことが知られている。これらの新善光寺が当時、禅宗に属していたと断言することはできないとしても、興味深い事例だろう。

一方、鎌倉幕府が武士社会の精神的支柱とするために、禅宗とともに保護したのが律宗である。最大の宗勢を誇った西大寺流律宗は、排他的な宗派というより、僧尼の持戒を第一義としてさまざまな教学や門流を含みこんだ教団であったから、善光寺信仰の本質である浄土信仰や念仏とも矛盾する存在ではなかった。当初は諸行本願義を標榜した念仏系寺院の名越新善光寺が、叡尊の鎌倉下向を機に別当の道教房念空がその弟子になることで、難なく律院化したのも、右のような事情によっている。こうした、いわば持戒念仏系とみられる例として、陸奥国の平針新善光寺、上総国の佐貫新善光寺、常陸国の太田新善光寺などがあった。

律宗ではほかに、北京律に属したとみられる京都の一条大宮新善光寺があり、唐招提寺流でも越前国に新善光寺を建立していたことが知られる（『招提千歳伝記』）。律宗は南北朝以降にしだいに凋落するが、室町時代にも比叡山で学んだ真盛のように、やはり戒称一致を唱える僧が現れた。のちに天台真盛宗の祖とされる彼も、長享二年（一四八八）に善光寺を参詣している（『蔭涼軒日録』）。

善光寺信仰が僧俗の別を問わず幅広く受容された理由については、第一章に述べたように、善光寺如来が生身の仏であるという特性から導き出された、現当二世の救済をかなえてくれる阿弥陀如来に対する信仰であった。これに加えて、中世の宗教者たちが、宗派・教団の別なく善光寺如来を信奉した背景に、どのような認識が存在したのかをうかがわせる逸話が、証空の伝記の一つである仁空撰の『西山上人縁起』に見える。すなわち、鎌倉にあった修験系の寺院、聖福寺（新熊野社）の良善法印という山伏が善光寺に参籠した際、「世の中に宗は多々あるが、浄土宗という宗はなく、これは浄土門というべきものである。諸宗の人々も最後はみなこの門に入るからである」との夢告を得たというのである。この言葉がすべてを語っているといえるだろう。

日蓮門徒の善光寺批判

ところが、当時の仏教界で唯一、善光寺や善光寺信仰を激烈に非難したことで知られる宗教者がいた。日蓮とその門流である。日蓮の布教活動は辻説法のみでなく、信者たちに書簡によって『法華経』の教えを説いたり、疑問に答えたりしたのが特徴で、現在も二七〇〇通に及ぶ消息類が「日蓮上人遺文」として残されているが、その中には善光寺や善光寺如来に触れたものが散見する。

批判の論点は二つあり、一つは善光寺の阿弥陀如来は釈迦如来を偽ったものだとする、「善光寺縁起」の矛盾を突いた主張で（「四条金吾殿御返事」「獅子王御書」）、「今代に世間第一の不思議」と指弾している。ただ、日蓮自身は『日本書紀』の仏教伝来記事を直接見たのではなく、『扶桑略記』に依拠していたようである。もう一つは、『阿弥陀経』『無量寿経』『観無量寿経』などの浄土経典は、「女人不往生」の経典であり、女人の極楽往生を実現させるのは、龍女成仏を説く『法華経』のみであると述べている点である（「持妙法華問答抄」）。

折伏を得意とした日蓮の性格をよくうかがわせるが、それぞれの指摘は的を射ている。むろん、当時の仏教界では異端そのものであったが、この日蓮の言説は門徒によって後々まで踏襲された。文安四年（一四四七）に訓海が著した『太子伝玉林抄』には、法隆寺僧の間で欽明朝に伝来した仏像が釈迦像か阿弥陀像かが議論になった際、京都の法華宗のなかに善光寺如来は釈迦像であると主張する者がいることが、邪見であるとして紹介されている。また、狂言の『宗論』は身延山参りの法華僧と、善光寺参りの浄土僧による相互の論駁が題材とされているが、これもそうした背景があって作られたものである。法華宗の法系に属する新善光寺が現在も皆無であることも、以上のような経緯からすれば当然であろう。

3　善光寺信仰と聖徳太子信仰の融合

中世の太子信仰

善光寺信仰とともに、中世社会に幅広く受容されていたのは聖徳太子信仰である。聖徳太子の実像についてはあまりにも不明な点が多く、近年は全面的にその実在を疑う説さえ登場している。その是非はともかくとして、太子信仰は遅くとも平安時代の初期には貴族社会に受容され始め、鎌倉時代に入ると日本仏教のいわば「開祖」として、宗派を超えたさまざまな宗教者たちによって受容されるようになっていた。善光寺の本尊が「本師仏（わが国最初の仏）」を謳い文句とした以上、両者が結びつくのは必然的な流れでもあったといえよう。

善光寺にはかつて境内に聖徳太子堂があったが（四巻本『善光寺縁起』）、現在では太子信仰の影響はほとんどうかがえない。ただ、その片鱗と思われるのは、本堂内の最奥部に位置する瑠璃壇と三卿の間の境目に一本の角柱があり、これを「守屋柱」と呼んでいることである。堂を支える柱が丸柱であるのに、これだけが角柱で、仏教受容に反対して聖徳太子と蘇我馬子の連合軍に滅ぼされた、物部守屋の鎮魂のために建てられたとの伝承が残されている。こうした両者の習合伝承が唱導された寺院は、もともと太子信仰の拠点となった寺院が多く、摂津の四天王寺、大和の法隆寺や橘寺、および河内の叡福寺などはその代表的な例である。

四天王寺の場合

当寺に関しては、厩戸皇子が物部守屋との戦いに際して四天王像を造立して戦勝を祈願し、勝利の暁には寺塔の建立を誓約したという説話が『日本書紀』の崇峻天皇即位前紀に見えることは前にも触れたが、同書の推古天皇元年（五九三）是歳条にある「難波荒陵寺」の創建記事には、厩戸皇子のことはまったく現れない。このため、大坂湾岸に蟠居していた、渡来系の難波吉士氏の氏寺として創建されたという説も有力だが、この寺が法隆寺や橘寺などとともに「太子創建七か寺」の一つとされたのは、前者の説話の影響が大きいだろう。すでに天平年間には聖霊院の絵堂に太子絵伝が掲げられていたことが知られ、さらに寛弘四年（一〇〇七）には『四天王寺（荒陵寺）御手印縁起』を出現させたことで、太子信仰の中心的寺院としての地位を不動のものとした。

この四天王寺が太子信仰と善光寺信仰を融合させる舞台となった背景としては、第一に最古の「善光寺縁起」には、百済を出た善光寺如来が漂着したのが、四天王寺の所在地と同じ「難波」と記され、地理的な面での共通性があったことが指摘できる。「善光寺縁起」はその後、次第に内容が肥大化する過程で、百済からもたらされた仏像を物部守屋が「難波堀江」に捨てたという、『日本書紀』所載の記事をもとに、この仏像を掬い上げて信濃に運び、安置した草堂が善光寺の起源であるとする説話が加えられた。同書のいう「難波」は厳密には飛鳥にあった地名とみなされるが、その矛盾はほとんど問題にされないまま、この説話の成立によって、守屋を討伐した聖徳太子と善光寺如来とが、より緊密に結びつくことになったと考えられる。

ちなみに、『日本書紀』には「難波堀江」に仏像を棄てたという記事が、欽明天皇一三年条と敏達天皇一四年条の二か所にあり、前者の仏像が聖明王から贈られたもので、蘇我稲目がこれを向原寺に安置したが、物部尾輿・中臣鎌子らの奏上で天皇が棄てさせたとしている。後者の仏像は鹿深《かふか》臣と佐伯連が百済から持ち帰った二体（一体は石造の弥勒像だが、もう一体は尊像名不詳）で、蘇我馬子がこれを求めて石川精舎に安置していたが、物部守屋が自ら寺を焼いたうえで、堀江に棄てたと見える。この二つの説話は元々は一つであった可能性が高いが、「善光寺縁起」には『日本書紀』所載のこの二つの記事を混同したまま取り込んでいるものもある。

こうして、四天王寺の関係者によって語られていた聖徳太子による同寺の草創譚は、しだいに「善光寺縁起」の重要なモチーフの一つとなっていくが、この背景には、すでに指摘したように寺門派のネットワークの存在や、善光寺の「東門信仰」の形成に影響を与えた西門信仰の高揚が想定される。室町時代には四天王寺の西門の外に、念仏堂に接して善光庵があり、参詣者たちは太子堂に展観された聖徳太子の宝物とともに、ここに安置された善光寺如来像を拝観するのが慣例となっていたようである（『看聞御記』）。

法隆寺の場合

法隆寺では、聖徳太子が父用明天皇の病気平癒のために発願し、創建された寺院であるとする伝承が早くからできていたが、太子信仰の発信源となったのは、斑鳩宮跡地に建立された東院伽藍（上宮王院）であった。ここでは四天王寺と同様に、絵殿に太子絵伝が納められたり、聖霊院で聖徳太子を鎮魂する聖霊会が催されたが、それらは一一世紀後半以降のことで、太子信仰の宣揚という点では、四天王寺にかなり後れをとっていた。

法隆寺における太子信仰と善光寺信仰の融合を特徴的に示すのは、両者の「往復書簡」なるものが作成されたことである。その書簡は「法興元世一年（推古天皇二〇年）辛巳十二月十五日」に、「厩戸」が「本師阿弥陀如来」宛てに送り、返事がただちに来たことになっている。初見は鎌倉時代前期に法隆寺僧の顕真の著した、『聖徳太子伝私記』の裏書部分に見える断片的記事だが、書簡そのものを作成したのも顕真その人であった。この背景には四天王寺への対抗意識も看取されるが、直接的には寺内の他の門閥よりも優位に立つことを意図したためとみられている。顕真は三綱職を代々輩出していた法隆寺の所司の家柄の出身だが、当時は寺内で役職をめぐる派閥抗争がしばしば起きていたからである。顕真一派は、聖徳太子に近侍したという「調子丸（調使麻呂）」の末裔であることを主張し、これを保証する

「聖武天皇の宣旨」なる文書も併せて偽作したことが知られている。

法隆寺は当時、ほとんど唯一の遠隔地荘園であった播磨国揖保郡の鵤荘《いかるがのしょう》（現兵庫県揖保郡太子町周辺）が、地頭の不祥事が原因で北条氏に一円的に没収されていたため、幕府を相手に係争中であった。数十年ぶりにこの返付を実現させたのは、顕真の甥の俊源であったとされるから（『古今一陽集』）、往復書簡の喧伝は鵤荘の返還運動を成功に導くのにも貢献したのではないかとみられる。中世の鵤荘内に新善光寺が建立されていたのは（『鵤荘実検絵図』）、その点を象徴的に物語るものであろう。

ところで、往復書簡作成の前兆が別の史料にあることが、最近になって指摘された。貞永元年（一二三二）に大仏師康勝と銅工平国友の協力によって造顕された、金堂内陣の阿弥陀如来坐像の刻銘に見える、「本師阿弥陀如来が聖霊に伏して乞わば、面《まのあたり》に懇志を納受されんことを……」という文言がそれである。「本師阿弥陀如来」は当時一般に善光寺如来を指す用語となっており、一方、「聖霊」とは仏教界では早くから聖徳太子のことを意味していたからである。顕真が本像の造立にどの程度関与したか明確ではないが、この銘記からヒントを得たことは確かであろう。往復書簡は前述のように、聖徳太子がまず善光寺如来に送ったのが始まりだが、ここでは善光寺如来の方から交友関係を求めた内容になっている。また、この像は弥陀定印を結んだ坐像で善光寺式ではないが、造立に関わった人々のなかに善光寺信仰が深く浸透していたことを示唆するものである。同じような例としてはいわゆる鎌倉大仏があり、これも定印を結ぶ阿弥陀如来坐像だが、造立の背景には幕府中枢部での善光寺信仰の高揚があったことが、さまざまな点から推測されている。

往復書簡は当時の仏教界にも多大な影響を与え、宗派・教団を問わず広く受容された。四巻本『善光寺縁起』を始めとして、四十八巻本『法然上人絵伝』、宗俊本『遊行上人縁起絵』、託何《たくが》の『蔡州和伝要』、行誉の『壒嚢鈔』などに引用されているほか、存覚の『存覚上人袖日記』や『報恩記』など多くの文献にも紹介されていることが、その点を示している。なかでも、善光寺信仰が比較的希薄であった本願寺系の僧侶たちにも受容されていたことが特徴で、戦国期には蓮如もこれを書写していた（奈良県吉野町本善寺蔵）。往復書簡の遣り取りは最終的に五回まで増加するが、秘事口伝として伝授されたため、諸本により内容や表現に違いも多い。これに加えて、両者は和歌の贈答もしたといった伝承も生じ（『報恩記』）、また石川県松任市の本誓寺所蔵の「聖徳太子絵伝」のように、書簡が執筆される場面を描いたとみられる絵伝も登場した。

往復書簡の実物は現在も法隆寺綱封蔵に秘蔵されているが、厳重な掟によって、何人も開

図16　聖徳太子との往復書簡が納められている「善光寺如来御書箱」

封することはできないとされる。それを納めた「善光寺如来御書箱」（図16）は、総体に蜀江錦といわれる赤地格子蓮華文の経錦《たてにしき》を貼った豪華な容器で、この箱はさらに四重の箱に納められ、錦や綾の七重の布に包まれている。いずれも七世紀頃の製作にかかるものとされているから、往復書簡を納入するために転用されたのであろう。

橘寺と叡福寺

奈良県明日香村にある橘寺（菩提寺）は、近年の研究では天智朝に川原寺（僧寺）とペアで建立された尼寺という説が有力だが、当地が用明天皇（橘豊日尊）の宮跡との俗説により、早くから聖徳太子生誕の地という伝承が生じ、中世には飛鳥地方を代表する太子信仰の寺となっていた。正和三年（一三一四）に同寺長老の法空が著した『聖徳太子平氏伝雑勘文』に「善光寺縁起」が引用され、同じく法空撰と伝える『上宮太子拾遺記』の橘寺の記事にも、食堂本尊の十一面観音像の胎内に、聖徳太子が常に頂戴した白銀製の「本師弥陀小像」が奉安さ

郵便はがき

料金受取人払郵便

京都中央局
承認

3063

差出有効期間
平成30年5月
13日まで

（切手をはらずに
お出し下さい）

6008790

110

京都市下京区
正面通烏丸東入

法藏館 営業部 行

愛読者カード

本書をお買い上げいただきまして、まことにありがとうございました。
このハガキを、小社へのご意見またはご注文にご利用下さい。

お買上 **書名**

＊本書に関するご感想、ご意見をお聞かせ下さい。

＊出版してほしいテーマ・執筆者名をお聞かせ下さい。

お買上
書店名　　区市町　　**書店**

◆新刊情報はホームページで　http://www.hozokan.co.jp
◆ご注文、ご意見については　info@hozokan.co.jp

16.5.50000

ふりがな ご氏名	年齢　　　歳		男・女
〒□□□-□□□□ ご住所	電話		
ご職業 (ご宗派)	所属学会等		
ご購読の新聞・雑誌名 （ＰＲ誌を含む）			

ご希望の方に「法藏館・図書目録」をお送りいたします。
送付をご希望の方は右の□の中に✓をご記入下さい。　□

注 文 書

月　　日

書　　名	定　価	部　数
	円	部
	円	部
	円	部
	円	部
	円	部

配本は、○印を付けた方法にして下さい。

イ. **下記書店へ配本して下さい。**
（直接書店にお渡し下さい）

（書店・取次帖合印）

書店様へ＝書店帖合印を捺印の上ご投函下さい。

ロ. **直接送本して下さい。**
代金(書籍代＋送料・手数料)は、お届けの際に現金と引換えにお支払下さい。送料・手数料は、書籍代 計5,000円 未満630円、5,000円以上840円です(いずれも税込)。

＊お急ぎのご注文には電話、ＦＡＸもご利用ください。
電話 075-343-0458
FAX 075-371-0458

（個人情報は『個人情報保護法』に基づいてお取扱い致します。）

れていたとあるから、遅くとも鎌倉時代後期までには、橘寺でも太子信仰を善光寺信仰と結びつけて喧伝していたことが知られる。

橘寺には現在、往生院と太子殿の奥殿に安置された、二組の善光寺式如来像が伝来している。後者はこの頃に造立されたとみられるもので、かつては境内の善光寺如来堂に安置されていたという。『大乗院寺社雑事記』によると、文明一九年（一四八七）にこの堂が開帳され、多くの参詣者で賑わったとある。長享三年（一四八九）には、橘寺の十穀僧が大乗院尋尊のもとを訪れて、「太子伝」を読み聞かせるとともに、当寺の善光寺如来像と如意輪観音像および吉野比蘇寺の観音像の三体は、同木で造立されたものだと語っている（同上）。実際、奥殿の如来像は木造で荒彫りという特異な様式を有しているから、同寺の善光寺信仰は独特の性格を帯びていたようである。なお、永正五年（一五〇八）には、戒順が摂津堺北荘で勧進して新造した善光寺如来像を信濃に運ぶ途次、当寺にもしばらく逗留させているが（『実隆公記』）、これも善光寺信仰の拠点となっていたからであろう。

大阪府南河内郡太子町にある叡福寺は、今日も聖徳太子に関わるさまざまな法会や絵解きなどが行われており、太子信仰一色の寺といってよいが、創建年次などについてははっきりしない。貴族社会で太子信仰が興隆するに伴い、その追福のために用明天皇陵の近くに建てられた太子廟（磯長陵）が起源であったとみられるが、寺院として確実な史料に登場するのは鎌倉時代に入ってからである。この時代には、宗派を超えた宗教者たちの耳目を集めるようになっていたが、それでも「御廟寺」という通称で呼ばれる存在に過ぎなかった。「叡福寺」の寺号が見えるのは一五世紀の初め頃になってからである（『応永年中旧記』）。

この廟所には聖徳太子だけでなく、生母の穴穂部間人皇女《あなほべのはしひと》と后の膳大娘《かしわでのおいらつめ》の遺骨を左右に納めたという伝承があったため、当時から「三骨一廟」と呼ばれており、おそらく、この言葉と「一光三尊」という善光寺如来像を象徴する用語との類似性が、太子信仰と善光寺信仰とを重ね合わせて信仰される発端となったのではないかと思われる。いわば両者は語呂合わせ的に結びつけられた例といえるだろう。『聖徳太子伝私記』裏書に引かれた二〇句からなる「太子廟崛内石面自注記文」には、「三骨一廟」を阿弥陀三尊に喩えた文言が見えるから、ここでも法隆寺の顕真の著作が、両者を融合させた信仰を流布するのに大きな役割を果たしたことがうかがわれる。

このほか、前述した法隆寺領の鵤荘が所在した播磨国には、早くから聖徳太子伝説とともに善光寺信仰が流布したようで、現在も兵庫県内にある「太子ゆかりの寺」で、善光寺信仰の影響が看取される遺品を伝えているところがある。加古川市の鶴林寺はそうした寺の一つで、同寺に伝来する「聖徳太子絵伝」は、全八幅のうち第一幅、二幅が善光寺如来の三国伝来説話で構成されていて注目される。南北朝期以降に描かれた「聖徳太子絵伝」には、こうした「善光寺縁起」の内容を取り込んだものが数多く見られるのが特徴である。

4　善光寺信仰と女人救済

後深草院二条の参籠

「女人救済説話」を含む「善光寺縁起」は平安末期までに成立していた可能性が高く、建久四年（一一九三）には早くも大磯宿の遊女虎が、夫曽我祐成の菩提を弔うために善光寺を訪れたことは前述した。そうした善光寺如来を信奉した女性たちのなかで、鎌倉時代を代表する人物は後深草院二条であろう。その回想録である『とはずがたり』は「女人救済」の内実を知りうるだけでなく、当時の女性の旅の様相も垣間見ることのできる好個の史料となっている。

二条は村上源氏の久我雅忠を父に持った名門の出身だが、正応二年（一二八九）に東海道を下って鎌倉に至り、翌年の春に志を同じくした女性たちに率いられて、念願の善光寺での参籠を果たしている。その背景には二歳で母と死別し、四歳で後深草院（上皇）のもとに宮仕えに出され、一四歳でその側室となった後も、権大納言西園寺実兼、仁和寺宮性助法親王（後深草院の弟）、摂政鷹司兼平といった面々と華麗なる男性遍歴を重ね、ついには亀山天皇（後深草院の弟）とも関係を結んだのではないかという噂が立ち、宮中から追放されるという数奇な前半生があった。その後、尼の身となって善光寺を目指したのは、これまで交渉のあった男たちのことを忘れ、善光寺如来に縋って、一切の煩悩を絶つためではなかったかと推察される。

この当時、畿内から善光寺に向かうには難所の少ない北陸道が利用されることが多かったが、大都市の鎌倉をまず目指したのは、知人が住んでいたことや道案内を頼める先達を見つけやすいといった理由からであろう。その甲斐あって、翌春に善光寺参詣を計画していた川越入道（経重）の後家尼をリーダーとする女性たちの存在を知り、雪の中を彼女らが集結していた小川口（現埼玉県川口市）に向かったのだが、そこは当時、ちょうど建設中であった川口善光寺とみられることは前にも触れた。翌年二月、彼女らのグループは碓氷峠を越えて信濃国に入ったのだが、これは女性だけの「団参」の走りでもあったといえよう。

なお、二条は善光寺で参籠後、同行者と別れて「高岡の石見の入道」なる武士の家に半年間も身を寄せることになったが、その家の豪華さに感嘆して「まことにゆゑあるすまひ、辺土分際にはすぎたり」と記している。この人物は東条荘和田郷の地頭和田石見入道のことで、法名を「仏阿」と称し、かつて善光寺奉行人にも任命されていた。その居館が荘内の高岡（現長野市東和田）にあったのである。名乗りは「繁氏」に比定されるが（『桓武平氏諸流系図』）、石見守に任官したのは寛元二年（一二四四）であったから（『平戸記』）、当時は相当の高齢であったはずである。和田氏は桓武平氏維茂流に出自を有し、一族は都で女院の院司などを勤める軍事貴族であったが、一方で関東御家人にもなっており、繁氏の父繁継の頃には所領の東条荘内に土着していた。二条は繁氏のことを「歌つねによみ、管弦などしてあそぶ」身であったとも記しているが、彼は若い頃に北白河院（後高倉院妃藤原陳子）に仕えた経歴があったから、それも故なきことではないだろう。

御伽草子に登場する女性たち

中世に善光寺を参詣をした女性は、史料に残る実在の人物となると上述した二条などわずかだが、御伽草子などの物語や謡曲にはしばしば登場するから、実際には無名の女性たちの善光寺参籠が日常的に見られたことが想定される。そうした作品の代表的なものが『七人比丘尼』（**図17**）である。

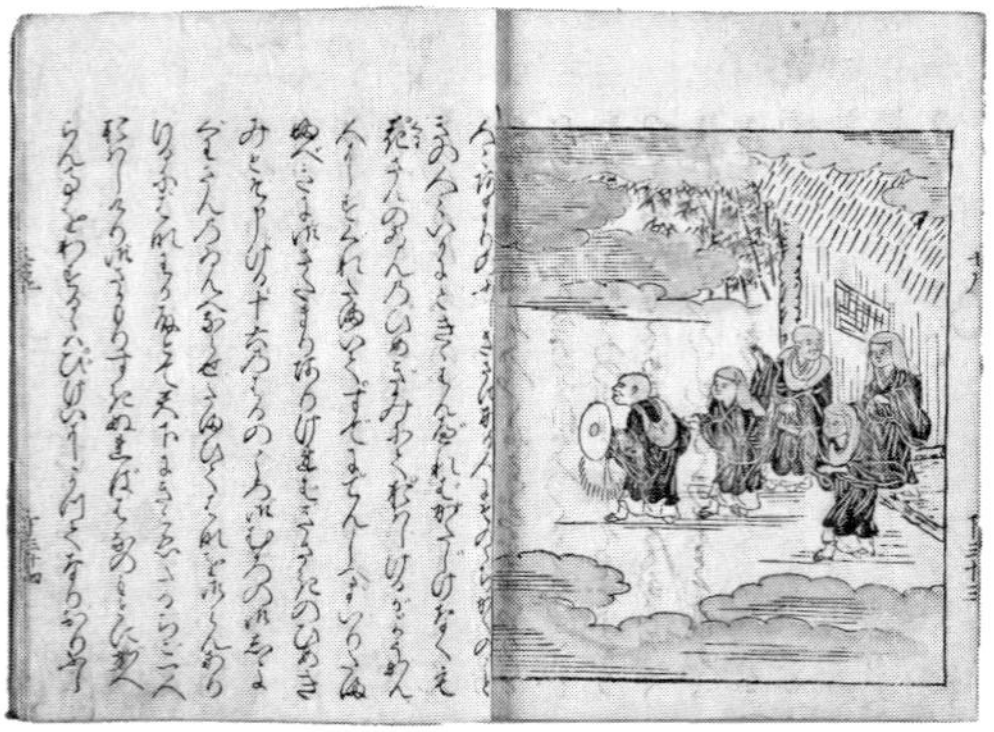

図17　御伽草子『七人比丘尼』より。旅の尼5人が庵を訪れた場面。

これは江戸時代になって刊行されたため、一般には仮名草子とされてきたが、時代は貞和年中（一三四五―五〇）に設定されていることや、話の状況から、その原型は中世に遡りうるもので、御伽草子に分類すべきだとする説が有力である。内容は長年善光寺で念仏の修行をしてきた老尼が、人々のために善行を積むことを思い立ち、信越国境の関川（現新潟県妙高市）に湯屋を建て、善光寺参詣に往来する女性たちを入浴させていた。その志に共鳴したもう一人の尼が湯接待に加わり、庵主は古阿弥陀仏、新来の尼は今阿弥陀仏と呼ばれていた。その後、さらに旅の尼五人が泊まり合わせ、七人が互いに身の上を語り、懺悔するといった筋立てである。

登場人物のうち、古阿弥陀仏はもと丹波国の武士の娘であったが、落ちぶれて遊女に売られた挙げ句、恋に破れたという出家事情を有していた。また、今阿弥陀仏は非業の死を遂げた夫と子供の菩提を弔うために出家したという前歴があり、そのほかの五人も夫が戦死したり、心変わりしたといったように、いずれも身の不運に無常を感じ、発心したという過去を背負った女性たちであった。ここからうかがわれるのは、当時の女性たちの悩みがどのような類のものであったかという点で、少なくとも富を得たいといったような下世話な願望は皆無であり、このことは中世に善光寺まではるばる参詣できた女性が、武士身分（領主層）以上の階層に属していたことを示唆するものである。

また、そうした不運な身の上の女性たちが、善光寺如来に縋ることで立ち直り、今度は同じ境遇の女性たちに救いの手を差し伸べるという、社会活動に目覚めた姿が看取される点も重要であろう。このことは、男女の再会をテーマとした同工異曲のお伽草子群の中で、『もろかど物語』から『短冊の縁』『塩竈大明神御本地』と時代が下るにつれ、次第に女性が主人公となるとともに、単なる復讐譚ではなく、勧進や唱導に携わる姿が色濃く描かれ、救済する側である女性宗教者の姿が投影されるように変化している点からもうかがえよう。

『七人比丘尼』の内容でさらに興味深いことは、中世には北陸道が西国からの善光寺参詣者の主たる交通路として定着していたことや、宿駅制度が未整備であったこの時代にも、入浴と宿泊の機能を兼ね備えた女性専用の接待施設が、交通路の要所要所に設けられて、彼女らの旅の安全が図られていたらしいことである。前者の点については、世阿弥が上演したこともある謡曲『山姥』からもうかがえる。これは、遊女「百ま山姥」が北陸道随一の難所「親知らず子知らず」を避けて、いわゆる「上路越《あげろごえ》」のルートを経て善光寺を目指す途中、山中で本物の山姥に出会うという内容である。難所とはいっても、通常は干潮時を見計らって波打ち際を通過することができたから、標高差六〇〇メートルにも及ぶ信濃・美濃国境の御坂峠を始め、いくつもの峠の上り下りを必要とした往古の東山道に比べれば、はるかに平坦な道のりであった。若干遠回りでも、西国からの参詣者の多くが北陸道を経由したのは、こうした事情によるのである。

尼の養成所としての機能

善光寺は中世後期になると、女性を出家させる機能も有した。『大塔物語』によると、応永七年（一四〇〇）の大塔合戦で討ち死にした、坂西長国の愛妾であった善光寺桜小路（現長野市桜枝町が遺称）の遊女玉菊花寿は、彼の屍を埋葬したあと善光寺で出家して菩提を弔ったとあり、同じく常葉《ときわ》入道の妻は夫と息子二人の菩提を弔うために善光寺に詣で、そのまま出家して「妻戸時衆」になったとある。物語とはいえ、当時の善光寺が薄幸な女性たちを出家得度させる役割を果たしていたことをうかがわせるとともに、善光寺に留まった場合には、妻戸衆に編成されるのが慣例であったことを示唆している。この妻戸衆とは、僧衆・尼衆からなる寺内の念仏集団の中核的存在で、合戦の際には戦場を訪れて、敵味方の区別なく戦死者を埋葬したことなどの活動も知られている。ただし、一遍の門流である遊行派など、当時各地に出現し始めていた時衆の教団組織とは直接のつながりはなかったことは前述したとおりである。

大阪府藤井寺市の善光寺に所蔵される通称『善光寺参詣曼荼羅』は、信濃善光寺の諸堂を描いた境内図だが、これには南大門を入って左側に位置する比較的規模の大きい堂内で、女性を剃髪させている場面が描かれている。この図に見える伽藍の様相は必ずしも当時の善光寺の実景そのままとはいいがたいものだが、上記のような女性のために、「剃髪堂」のような建物が実際に存在していた可能性は高いだろう。善光寺で出家したと伝える代表的な尼としては、享禄二年（一五二九）に尾張国の熱田神宮本願所の誓願寺を創建した日秀妙光尼が知られ、別名を善光尼とも呼ばれている（『言継卿記』『誓願寺縁起』）。

また、近世の著作だが、尾張藩士天野信景の随筆『塩尻』には、かつて刑に処せられる身で、当寺に逃げ込んで修行すれば罪を許されたため、心ならずも髪を剃った女性の例も多かったとあり（同書巻八四）、善光寺はそうした不幸な女性を出家させる機能とともに、犯罪者を匿う一種のアジール的な役割も果たしていたことをうかがわせる。

5　室町時代の善光寺と門前町

善光寺町の景観

前掲の『大塔物語』には「凡そ善光寺は三国一の霊場にして、生身弥陀の浄土、日本国の津にして、門前市を成し、堂上花の如し」と、その光景が活写されているように、中世後期になると善光寺町にはさまざまな職人や芸能者らが定住して、いっそう都市的な機能を果たすようになっていた。鎌倉時代末期に筑摩郡内を中心に、合計九体もの作例を残している仏師妙海はその代表的な職人である。もっとも秀作とされる、元亨三年（一三二三）に彫像した十一面観音菩薩立像（現上伊那郡辰野町上島観音堂安置、**図18**）の台座墨書銘写には、「善光寺住侶」とも記されているが、これは善光寺の寺僧という意味ではなく、実際には門前町に居住していた職人であろう。中世の仏師は通例、出家して僧形をしていることが多かった。なお、近世には「善光寺大仏師」を名乗る長谷川一門の職人の存在が知られるが、彼らの工房は現在の長野市石堂町から新田町、問御所町にかけての、善光寺より手前の参道に沿った地に点在していたことが判明するから、妙海が工房を構えていたのもこのあたりかと思われる。

同様に彩色師もいたことは、佐久市望月に所在する福王寺の本尊木造阿弥陀如来坐像には、暦応三年（一三四〇）の修理墨書銘があり、「絵師善光寺参河法眼慶暹」とあることから判明する。また、滋賀県長浜市の竹生島宝厳寺に所蔵される銅製三足香炉の陰刻銘には、永正一八年（一五二一）の年紀と「善光寺住人　常田吉重」という製作者の名前が記されている。中世には全国各地に新善光寺が存在したが、それらは通例「新（今）」の字を付すか、地名を冠して呼ばれることが多く、単に「善光寺」とある場合は信濃の善光寺を指しているとみられるから、この常田吉重も門前町に居住していた鋳物師と推定してよいだろう。

大工（番匠）については、善光寺大勧進に所蔵される享禄四年（一五三一）作製の指図九鋪のうちの一鋪に、「如来之大工近江守」

図18　善光寺仏師妙海の手になる木造十一面観音菩薩立像

という墨書銘があり、この頃すでに善光寺専属の職人がいたことが知られる。彼は当時七〇歳とあるだけで実名は不明だが、江戸時代の寛延三年（一七五〇）に山門・経蔵を造営した功で、「近江守」の受領名を許可された島津宇右衛門の祖先に比定されている。近世の島津氏は代々大勧進配下の宮大工を勤めていたが、これによって同氏は、遅くとも一六世紀初め頃までに定着していたことが推測されよう。大工にはこのほか、善光寺から西方に続く桜小路に居住していた「大工せんさえもん」が知られ、この一家は天文一六年（一五四七）に水内郡入山村の熊野大権現社（現長野市入山の葛山落合神社）の社殿を修理している。

以上のように、善光寺の参道周辺には仏師、絵師、鋳物師、番匠など、さまざまな職人が軒を並べていた。かれらは、当初は善光寺の諸堂・院坊の建築や仏像・仏具の修造に携わる必要性から、門前町に集住するようになったとみられるが、仏師妙海や絵師慶暹の作例が現在の長野市から離れた松本市周辺や佐久地方に残存していることが示すように、しだいに各地の寺社の注文にも応じるようになっていったことが知られるのである。

一方、門前町などの都市には遊里や花街も付き物で、『大塔物語』には、善光寺周辺でも「傾城、白拍子、夜発のともがら」と遊興にふける者が多かったとある。近世には権堂村が参詣客の精進落としの場として知られていたが、中世には西門から西方に延びた桜小路に沿った一郭が、そうした機能を帯びた場所であったようである。そのことは前述したように、大塔合戦で討ち死にした坂西長国が、桜小路の遊女と馴染みの関係にあったと見えることからもうかがわれる。

人びとの往来する都市は、各地からさまざまな情報がもたらされる場であり、逆にまた、情報を発信する起点でもあった。応仁二年（一四六八）、「禅光寺住持比丘善峰」が対馬領主宋貞国を仲介に李氏朝鮮に使者を送ったことが、同国の成宗二年（一四七〇）に申叔舟が撰録した『海東諸国記』の記事から知られる。寺号の用字が異なり、また「住持」の職名も禅宗系寺院で主として使われたものだが、江戸時代の儒学者松下見林の『異称日本伝』が「今按ずるに、禅光寺はまさに善光寺に作るべし」と指摘するように、これが信濃善光寺である可能性はきわめて高いだろう。

このことの背景や意義については、応永三四年（一四二七）の火災後の再建が遅々として進まなかったため、貿易利潤を造営費用に充てる目的があったことが想定され、それは海を越えた一種の勧進活動であったとの評価もある。また、近年では、この前後に日本列島の広い範囲で朝鮮遣使ブームが起こっており、それは「朝鮮大国観」が当時存在していたのではないかという斬新な見方も提起されている。いずれにしても、善光寺の国際性を物語る事例であり、善光寺町がさまざまな情報を入手しうる、日本でも有数の都市となっていたことと無縁ではないと思われる。

政治都市としての側面

善光寺の門前町は、室町時代になると周辺に信濃守護職の関連施設が設けられ、たんなる宗教都市ではなく、政治都市としての機能も併せ持つようになっていた。もともと善光寺の近辺は、律令制下の水内郡家の所在地という伝統もあって、鎌倉時代初期にも「後庁」と呼ばれる国府の出先機関が設けられ、在庁官人たちが常駐する状態が続いていたことは前述した。守護所については、鎌倉幕府滅亡時には埴科郡舟山郷（現千曲市戸倉周辺）に置かれていたが、遅くとも至徳四年（元中四年、一三八七）までには、善光寺の近辺に移されていたことが知られ、この年四月には、守護の斯波義種に叛した村上頼国・小笠原長基・高梨朝高・長沼（島津）国忠らの国人層が善光寺に挙兵し、「守護所平芝」に押し寄せたとある（以上、市河文書）。

当時の平芝郷は、現在の長野市大字平柴から平柴台・小柴見の両地区を含めたあたりに比定されるが、現在もこの地区の背後に小柴見城や旭城（大黒山城）といった山城跡が残されている。ただし、これらはいわゆる詰城の役割を果たしたもので、実際の守護館はやや離れた場所に想定されるが、なかでもその遺称地として有力視されているのは、平柴地区から現在の裾花川を越えた長野市の中心街に残る「問御所」と、その一キロメートルほど南にある「中御所」の、二つの「御所」地名である。

いずれの場所にも近年まで、土塁の痕跡とみられる微高地が確認できたが、とくに前者の「問御所」の付近には、明治初年の絵図によると、当時まだ方形状の土塁と掘割が残されていた。漢字表記も近世まで「豊御所」と見えることから、ここが南北朝時代から室町時代における信濃守護所の、いわば本庁舎にあたる館が置かれた場所であろう。一方、「中御所」は古くは「中之御所」と記され、「なかのごしょ」と訓まれていたから、おそらく第二庁舎の意味ではないかと思われる。このあたりは中世には漆田郷に含まれていたが、現在の裾花川の河道は近世初期の河川改修によってできたもので、当時は漆田郷と平柴郷とは地続きであった。それに対して豊御所の方は、当時の裾花川の北側に位置した後庁郷に属していた。

このように、二つの「御所」地名は犀川の渡河点であった現在の長野市丹波島地区と善光寺を結ぶ直線上に位置しているところから、当時の守護所は善光寺の南大門に至る幹線道路に面して立地していたことがわかる。したがって、中世の善光寺の金堂が東面していたとの仮説を根拠に、主たる参道は東大門から東に延びていたのではないかとするような見方はできない。

横山城の役割

ところで、守護所と密接な関係を有するもう一つの施設が、善光寺の立地した台地上の東端に当たる、要害の地に築かれた横山城（**図19**）である。現在、健御名方富命彦神別神社の境内に本郭跡を残す横山城については、不明な点も多いが、平生は特定の城主や城将がいたことが確認できないことからすると、おそらくは有事の際に善光寺を防御することを主目的に、守護方が築かせた可能性が高いだろう。築城された時期もはっきりしないが、建武二年（一三三五）三月には、高井郡志久見郷の領主市河助房らが守護小笠原貞宗の軍勢催促により、「善光寺」付近に集結していた事実があるから（市河文書）、現在の長野盆地を一望できるこの場所は、早くから軍事的にも重要な場所として認識されていたことがうかがわれる。観応二年（正平六年、一三五一）のいわゆる観応の擾乱の際には、「善光寺横山」が尊氏党の小笠原為経らと、直義党の禰津宗貞らとの

図19　横山城本郭跡（長野市箱清水）

戦場になっているから（佐藤文書、浅草文庫本古文書）、遅くともこの頃までには築かれていたのではないかと推察される。

応安三年（建徳元年、一三七〇）八月には、南朝方を征討するために陸奥国菊田荘上遠野《かどの》郷（現福島県いわき市）の領主上遠野正行が、信濃守護上杉朝房の弟、朝宗に従ってはるばる信濃まで至り、各地を転戦したのち「善光寺で御共を仕った」とあるが（上遠野文書）、これは朝宗が横山城に陣取ったことを示すものと思われる。至徳四年（一三八七）には、前にも触れたように守護代二宮氏泰方に属して「善光寺横山」に陣取った市河勢が、守護斯波義種に叛して挙兵した国人層によって追い落とされている。ちなみに、『大塔物語』によれば、応永六年（一三九九）斯波義将に代わって信濃守護に任命された小笠原長秀は、翌年の着任時に華やかな行粧で大行列を率い、まず善光寺に「打ち入った」とあるが、これは単なる善光寺参詣ではなく、直務支配を任された長秀が守護職就任を北信濃の国人層に披露するのが目的で、実際には横山城に入城したことを示唆する記事とみるべきだろう。

南北朝期の信濃国、とりわけ北信地方では、南朝方と北朝方の抗争よりも、守護方と反守護派の国人一揆との対立という構図の方が顕著であった。そうした傾向は南北朝合一後も続いたため、信濃では守護領国制が未成熟のままで、その結果がやがて甲斐の武田氏による侵略を招くことにつながった。守護所が善光寺町の一郭に設けられたことは、以上のような紛争が長期にわたって繰り広げられた信濃国内の状況からして、善光寺周辺がつねに戦場となる危険性をはらんでいたことを意味したのである。

度重なる火災と再建

善光寺の火災は治承三年（一一七九）に炎上して以来、現在に至るまで、記録に現れるものだけでも十数回に及んでいるが、そのうち室町時代には、金堂を焼失する火災が一四世紀末から一五世紀末までの約一〇〇年間に三回も起こっており、この時期がもっともその頻度が高かった。応安三年（一三七〇）、応永三四年（一四二七）、文明六年（一四七四）の罹災がそれである。

鎌倉時代には将軍家菩提所に位置付けられていたこともあり、幕府権力を背景に地頭・御家人層を動員して短期間に再建が進んだのと比べると、この時代には善光寺が室町幕府から特別な保護を受けた形跡は見当たらない。一方、前述のように善光寺の近辺には守護所や横山城が置かれたが、守護は平生は京都居住を義務付けられていたこと、さらに信濃国の特徴として、守護と北信の国人一揆などの反守護勢力との対立が続いたといった政治状況のため、守護や在地武士層の積極的な協力や彼らからの大口の寄付が期待できず、基本的には寺僧らの努力と、衆庶への勧進に依存せざるをえなかった。そのため、復興にはいずれも数十年を要したのがこの時代の特徴である。

最初の火災は応安三年（一三七〇）七月四日の未明に起こった。『花営三代記』や『続史愚抄』の記事によると、主要伽藍が全焼したようだが、本尊は土中に埋められていたために難を遁れたとある。この当時、小笠原氏に代わって新たに守護に任命された上杉朝房方の勢力と、それに反発する村上氏や高梨氏らの国人層との抗争が続けられており、守護代の二宮氏泰は善光寺の一郭に当たる横山城を軍事拠点としていたから、おそらく兵火が原因であろう。守護側は戦火の及ぶのを予期して、あらかじめ本尊を避難させておいたようである。火災のあった翌月の八月末には、関東管領を兼ねていた守護の上杉朝房自らが横山城に入城している。こうした在地情勢も影響してか、再建事業は遅々として進まず、復興まで四十年近くも要している。多宝塔が竣工したのは応永一四年（一四〇七）、金堂に至っては同二〇年（一四一三）にようやく完成した。

中世の善光寺に、五重塔のほかに多宝塔が存在していたことは、この時の復興過程で初めて知られることだが、この再建については興味深いエピソードがある。至徳年間（一三八四―八七）に、当代の五山派禅僧を代表する南禅寺住持の義堂周信に働きかけて、「募縁疏

（勧進帳）」を執筆してもらっていたことである。『空華集』によれば、これは勧進を勧めた令簡道人が信濃安国寺の住持季成昌立に協力を求め、その依頼を受けた相国寺の無求禅師を通じて実現したものであった。同書によれば、周信は信濃出身の多くの禅僧と交流があり、自身の侍者にも同国出身者が複数いたようである。同様の傾向はすでに鎌倉時代にも見られ、円西が虎関師錬の協力を仰いだことはすでに触れた。

ところが、この完成したばかりの伽藍も、応永三四年（一四二七）三月にまた炎上してしまった。この火災のことはいくつかの史料に散見されるものの、日時についてはそれぞれ違いがあり確かなことは不明だが、四巻本の『善光寺縁起』に「諸堂塔々婆ことごとく失い、寺内宮殿舎一宇も残るところなし」と見えるように、全山が灰燼に帰するほどの大火だったようである。ただし、この時も本尊は取り出されて、金堂の東方に位置した横山の堂に遷座され、ここを仮堂にしたとある。『王代記』などによると、火元は東門脇の「乞食念仏房」の家であったという。

塔供養のことが見えるのは文明元年（一四六九）のことだから（『新撰和漢合図』）、やはり全面的に復興するまでは数十年の歳月を要したようである。前に触れたように、応仁二年（一四六八）の朝鮮遣使は時期的にみて、当時盛んになっていた日朝貿易による利潤を期待したもので、この再建事業に関わる勧進活動の一環であった可能性が高いだろう。なお、同年一二月には、信濃国伊那郡の開善寺住持であった天与清啓を正使とする遣明船が帰国しており（『戊子入明記』）、守護大名らによる朝鮮遣使ブームと併せて、当時の東アジアの国際情勢が密接に関わっていたことが注目される。

文明六年の火災と戒順の勧進

次の火災は文明六年（一四七四）六月四日に起こった。『大乗院寺社雑事記』や『東寺執行日記』には「如来堂以下焼失」とあるから、やはり金堂を始めとする主要伽藍が全焼する罹災であったと思われる。このときの罹災状況や再建にいたる経緯については、勧進に携わった僧戒順が新鋳の善光寺如来像を信濃に運搬するに先立ち、後柏原天皇の叡覧に供するために執筆した、永正五年（一五〇八）五月日《ママ》の日付のある言上状が、三条西実隆の日記『実隆公記』に引用されており、ある程度うかがうことができる。ちなみに、この言上状には「文明九年六月廿四日、本堂炎上之時」と記されているため、従来この文明九年（一四七七）にも火災が起こったとする理解が一部にあったが、同年の火災については、これ以外に典拠となる史料が一切見当たらないため、「文明六年六月四日」を誤記したものではないかと推測される。したがって、戒順の勧進活動は文明六年の罹災後の再建事業の一環として行われたものということになる。

右の言上状によれば、創建以来安置されていた本尊が頭部だけを残して焼失したとあり、如来像を元の姿に戻すようにとの霊夢を見た戒順は一念発起し、夢告にしたがって摂津国住吉郡の堺北荘（最勝光院領の荘園、現大阪府堺市内）で勧進を続け、文亀二年（一五〇二）四月に至って、ついにその功を遂げたのであった。この時の戒順の勧進活動で注目される点が二つある。

一つは摂津国の堺北荘という荘園でなされたことの意味である。当荘は和泉国との国境に位置した堺港を含み、その北方に展開した荘園であったことからわかるように、商業・流通の拠点であった点に加えて、室町時代以降は河内国丹南郡狭山郷の日置荘（現大阪府堺市内）から移住した、「丹南鋳物師」集団の本拠地となっていたことで知られている。すなわち、勧進の対象地に選ばれた地域は、豪商などの有徳人が集住して大口の喜捨が期待できるとともに、優れた鋳造技術を有する職人集団に製作を依頼できる環境にあったことである。中世に大量に造られた善光寺式如来像については、その鋳造場所や鋳物師の居住地との関係が不明な場合が多いなかで、この戒順の勧進活動は貴重な示唆を与えてくれる事例というべきだろう。

もう一つ興味深いのは、この再鋳した善光寺如来像を戒順は「根本善光寺如来前立新仏」と表現していることである。現在の善光寺の本尊は「絶対の秘仏」とされ、六年に一度の御開帳時には、鎌倉時代の作例とみられる模刻像を「前立本尊」として本堂に安置する慣例になっている。つまり、今日「前立」という用語は、ふだんは拝観できない秘仏の本尊に対する、あくまでも「代理の仏像」といった意味合いで使われているし、一般にもそのように理解されてきた。それでは、この火災で焼失して改鋳された仏像は真の本尊ではなく、今日の意味での「前立本尊」であったのかということになるが、右の言上状の文面に依拠すれば、やはりこれは、当時の善光寺にとっては「真の本尊」であったと考えざるをえない。

この矛盾は「善光寺縁起」の筋立てを吟味することで解消するだろう。言上状の言う「根本善光寺如来」とは「本仏」とも言い換えられているように、釈迦在世中に天上から天竺毘沙離国に出現した生身の阿弥陀三尊像のことを指している。それに対して「前立」とは、その「本仏」を月蓋長者が閻浮檀金《えんぶだごん》（須弥山南方の閻浮提《えんぶだい》という島を流れる河から採れる最高の砂金）で造らせた仏像のことで、その後、百済を経て日本に渡来したと伝承される、善光寺創建以来の本尊のことを意味していたのである。そして、首から下が焼失したその「前立」を戒順が鋳造し直したことで、それが「前立新仏」と呼ばれたのである。善光寺の当初の本尊が、飛鳥ないし白鳳期の様式を有する小金銅仏であることは前述したところだが、中世の「善光寺縁起」の世界では、それが「前立」と認識されていたことを示す重要な記事である。いずれにしても、戒順の言上状からは、この文明九年の火災によって創建以来の本尊が焼損した可能性が示唆され、善光寺にとっては一大事件というべきものであった。

6　新たな縁起の成立

仮名書き縁起の登場

中世後期には上は天皇・貴族から地方の武士層、さらに庶民も含む広範な階層に善光寺信仰が行き渡るようになったのが特徴といえるが、この時代においても、善光寺信仰の普及に大きな役割を果たしたのは「善光寺縁起」であった。鎌倉時代までの縁起についてはこれまでも述べてきたので、ここでは南北朝時代以降の縁起について概観しておこう。

この時代の新しい動向は、和文体（仮名書き）の縁起が登場したことである。これはさらに片仮名系と平仮名系とに大別できるが、まず現われたのが前者の片仮名系和文体の「善光寺縁起」であった。そのもっとも古いと思われるものが、現在国立公文書館（内閣文庫）に所蔵されている。貞治三年（正平一九年、一三六四）筆写の『信濃国善光寺生身如来御事』と題する縁起がそれで、これは興福寺領であった大和国の楊本荘（現奈良県天理市）の検注帳の紙背を利用して書かれている点に特徴がある。書写したのは福智院の実円という僧侶だが、福智院は膨大な興福寺領荘園の支配権を握り、また代々興福寺別当も勤めた大乗院門跡に仕える坊官（寺侍）家の一つであった。

ところで、片仮名系和文体といっても、実際には漢字片仮名交じり文で、振り仮名も施されているが、このような文体は、当時一般に宗教者による講義や説法に利用されたもので、談義本とも呼ばれている。内容上の特徴としては、地獄に堕ちた皇極天皇（女帝）を本田善光の子善助が身代わりになって救済しようとした、いわゆる「皇極天皇堕地獄救済説話」が登場している点が挙げられる。これによって、すでにできていた「如是姫病気救済説話」と「百済の入水女官救済説話」に加えて、善光寺如来による三つの女人救済説話を含む「善光寺縁起」が、この頃までに完成されたとみることができるだろう。ちなみに、皇極天皇が地獄に堕ちるというモチーフはいかにも衝撃的で、当時の人々にも相当のインパクトを与えたと思われる。これはいわゆる大化の改新に至るクーデター事件の際に、蘇我入鹿が殺害されるのを黙認した女帝が、仏教の公伝以来、一貫してそれを保護してきた蘇我氏を滅亡に導いた張本人で、仏敵に値する人物とみなされたことが主たる要因と考えられる。

一方、平仮名本としては、この縁起ときわめて近い本文を有する、『善光寺の縁起』と題する三巻本の縁起もこの時代に成立していた。現在、原本の所在は不明だが、『大日本仏教全書』（寺誌叢書四）に所収されている同名の縁起がこれに当たる。もとは絵入りであったことが知られ、おそらくは絵巻物ではなかったかと推測される。三条西実隆の日記『実隆公記』を見ると、彼は文明七年（一四七五）から翌年にかけて、「善光寺縁起絵」とか「善光寺絵詞」と呼ばれた三巻本の縁起を、後土御門天皇に読み聞かせを行っていたことが知られるから、本書はこれに該当する可能性があるだろう。平仮名で書かれたことは、もともと宮中の女性を主たる対象に作成されたことを示唆するが、実際、同書によれば尼寺の入江殿（三時知恩寺）に出向いてこれを読むこともあった。「善光寺縁起」にはこのほか二巻本もあったようで、文明九年（一四七七）には、後土御門天皇に召された甘露寺親長がこれを御前で読むことを命じられている（『親長卿記』）。

都での善光寺信仰の流行

以上のような多彩な縁起の登場は、南北朝時代から室町時代に畿内近国、とりわけ貴族社会にも着実に善光寺信仰が広がっていたことを示すものだが、そうした背景には、善光寺信仰を広めた聖たちの活発な活動や、京内における新善光寺の存在があった。

永正五年（一五〇八）に堺北荘内での勧進活動によって善光寺如来像を新鋳した戒順が、大和橘寺（奈良県高市郡明日香村）や近江坂本（現滋賀県大津市）で開帳したあと、さらに後柏原天皇の叡覧に入れることを企てたことは先に触れたが、ほかにも次のような例がある。明応六年（一四九七）には善光寺の木食聖が「善光寺縁起」などを持参して興福寺大乗院の尋尊のもとを訪れており、永正元年（一五〇四）には尋尊が自分で描いた「阿弥陀三尊図」を善光寺の僧善賢に与えている（『大乗院寺社雑事記』）。

また、大永四年（一五二四）には善光寺から上洛した道芬なる僧が、内曇（短冊用の鳥の子紙）を手土産に三条西実隆と面会しているし（『実隆公記』）、天文元年（一五三二）には同じく善光寺の十穀聖が、山科言継に勧進帳の真名本への書き換えを求め、言継はその要望に応じている（『言継卿記』）。この当時、文人貴族は寺社の縁起や勧進帳の執筆を依頼されることが多く、とりわけ能書家として知られた三条西実隆は、生涯に依頼されて草案もしくは清書に関わった勧進帳が六〇点近くもあったことが判明しており、その中には文明一八年（一四八六）に清書した京都の来迎堂の勧進帳もあった。

来迎堂は室町時代に京内にあった三か所の新善光寺の一つで、下京区本塩竈町に現存している。あとの二つは、鎌倉末期に北条（金沢）氏の援助で一条大宮の地に建立された新善光寺と、「御影堂」と通称されていた新善光寺がそれである。御影堂と来迎堂はともに将軍家祈願所となって寺領を寄進されており（新善光寺文書、『山城名勝誌』所引文書）、また、一条大宮の新善光寺は一五世紀初めに万里小路時房や中山定親が有力檀那になっていたように（『建内記』『薩戒記』）、当時はいずれも公家や将軍家、あるいは在京した守護大名などの保護を受ける存在であった。これらは都での善光寺信仰の定着を物語る事例といってよいだろう。なお、一条大宮の新善光寺は応仁の乱で焼失したあと、東山泉涌寺内に移転して今日に至っている。一方、御影堂新善光寺は現在の下京区御影堂町に所在したが、戦時中に滋賀県内に疎開した際に取り壊され、昭和四〇年（一九六五）に長浜市にあった別寺が寺号を継承することで復興している。

四巻本の漢文体縁起の編纂

仮名本系統の縁起に対して、平安時代以来の伝統を有する漢文体（真名本）の縁起も室町時代の間に大成された。それが、これまでもたびたび引用してきた四巻本の縁起だが、その古写本の一つとして注目されるのは、山形県東田川郡庄内町（旧立川町）狩川の三ヶ沢善光寺に伝来する「善光寺縁起」である。巻二を欠き、現存するものは三巻分（三冊）のみだが、体裁からして本来は四巻揃っていたことは確かである。それぞれの奥書（図20）によると、寛延二年（一七四九）に当寺の住僧禅宝らが筆写したとあるが、本奥書には永正二年（一五〇五）六月の年紀と、「信州埴科英多西条宮」「筆者東条蓮光寺住侶覚祐」といった記載が見える。　蓮光寺は長野市松代町東条にある東光寺の前身に当たる寺で、また西条宮は大国宮とも呼ばれ、同じく松代町西条に鎮座する中村神社のことである。この点から、一六世紀初頭に信濃国埴科郡の英多荘内（近世の松代城下に当たる）で、僧侶や神職らが協力して四巻本『善光寺縁起』の書写活動が行われたことが知られ、三ヶ沢善光寺の『善光寺縁起』はこれを底本に写されたことが判明する。奥書の別の記載によれば、底本は天正一三年（一五八五）までは中村神社に所蔵されていたようだが、現在は所在不明である。

図20　山形県庄内町の三ヶ沢善光寺に伝来する4巻本『善光寺縁起』巻第三の奥書部分

ところで、従来、この四巻本漢文体の縁起については、室町時代に二段階の編纂事業が行われたかのような理解が長らくなされてきた。それは、現存する写本には応永三四年（一四二七）の火災記事を載せるものと、そうではないものとが存在しているためであるが、そうした誤解が生まれた背景は、直接には近代になってから『善光寺縁起』が複数刊行されて、一般に利用されやすくなったことが関係している。すなわち、明治から大正年間にかけて相次いで刊行された『大日本仏教全書』（第一二〇冊、寺誌叢書四）と『続群書類従』（巻八一四、釈家部九九）には、おのおの『善光寺縁起』が収載されたが、前者には当該記事があり、後者にはそれが見えないため、前者を「応永縁起」（もしくは永享縁起）、後者をその後に編纂されたものとして、「応安縁起」（もしくは応永縁起）と呼ぶことが、多くの研究者の間に定着していたのである。

しかし、近年、諸本の書誌学的な研究が進展した結果、両者の内容には大差がなく、火災記事の有無は単に、度重なる増補や省略が繰り返される過程で生じたものにすぎないとみられることから、これまでの分類法に疑問のあることが明らかにされるに至った。こうしたなかにあって、室町時代に四巻本の漢文体縁起が実際に流布していたことを示すものとして、三ヶ沢善光寺所蔵の『善光寺縁起』の価値は高いだろう。

7　乱世における善光寺

園城寺による支配の終焉

南北朝期から室町時代前半にかけての時期は、善光寺は金堂を罹災するような大火を三回も経験し、その再建事業に明け暮れる日々であったが、そのつど変わらぬ規模で再建が遂げられた点に、当時の善光寺信仰の強固な浸透ぶりをうかがうことができる。こうした復興の経過をみると、室町幕府の積極的な保護を受けた形跡がない反面、少なくとも一五世紀前半までは、なお園城寺の管領下に属したことが確認される。応安三年（一三七〇）の火災後、応永一四年（一四〇七）に多宝塔が、ついで同二〇年（一四一三）に金堂が再建された時には、そのいずれにも善光寺別当の任にあった房誉が、はるばる本寺の園城寺から下向し、落慶供養の導師を勤めていた事実がそのことを示している。

房誉は『三井続灯記』によると、園城寺の探題・別当・大学頭《だいがくとう》などを歴任したことが知られ、当時寺門派でも有力な学僧の一人であるとともに、寺務能力にも長けた人物であった。これに次ぐ善光寺別当は、正長元年（一四二八）に没した通覚だが、彼も宇治平等院や紀伊粉河寺の別当などの要職を歴任している（同書）。ところが、この通覚を最後に園城寺関係の記録には、善光寺に関する記事が見えなくなる。平安中期頃から続いてきた日本の荘園制は、一般に応仁の乱を契機に崩壊の度を増し、中央の本所や領家が遠隔地の所領や末寺を維持できなくなっていくが、園城寺領としての善光寺も例外ではなく、おそらく一五世紀中には、本寺である園城寺はその支配権を失ったとみられる。これに代わって善光寺に進出したのは、在地の領主栗田氏であった。

栗田氏は屋代氏などと同様に、北信濃の各地に繁延していた清和源氏の村上氏に出自を有する有力武士で、『尊卑分脈』によれば、村上為国の子の寛覚が栗田氏を名乗った最初とある。治承四年（一一八〇）、木曽義仲の旗揚げに従った武士として『吾妻鏡』に所見される「栗田寺別当大法師範覚」は、これと同一人物である可能性が高いだろう。平安後期以降、戸隠顕光寺の別当は栗田氏出身の僧が、世襲的に就任することが多かったから（『戸隠山顕光寺流記』）、「栗田寺別当」とは「栗田の寺別当」と読むべきで、「顕光寺別当」を意味していると考えられる。鎌倉期の栗田氏の動向ははっきりしないが、一五世紀末頃までには、本貫地の栗田郷に拠った一族と戸隠山領に住む一族とに分かれたようで、前者は当時から「里栗田」と呼ばれていた（大阪城天守閣所蔵文書）。これに対して、後者はのちになって「山栗田」という俗称が定着している。

　善光寺に進出したのは前者の栗田郷を基盤とする一族であった。栗田氏の当主は善光寺の「別当」あるいは「堂主」とも称し（『妙法寺記』など）、代々法名を有していたが、身分は武士層であり僧衆ではなかったから、「別当」はいわゆる俗別当に当たるものとみた方が正確だろう。同様の形態は戦国期にしばしばみられ、出羽国の羽黒山麓に位置した大泉荘の地頭大宝寺氏（武藤氏）が、羽黒山寂光寺の俗別当として山内の管理権を握っていた例がよく知られる。

本願尼の定着と勧進方法の変化

　栗田氏が進出したのとほぼ同じ頃、善光寺では再建事業の際の勧進形態にも変化が生じている。堂塔や社殿の修復・再建に際して、必要な資金を調達するために募金活動に従事した勧進聖は、南北朝時代頃までは、そのつど、寺外の禅律僧などから起用されるのが一般的で、その点は善光寺でも同様であった。ところが、一五世紀末から一六世紀初頭にかけての時期に、こうした中世的な勧進のあり方に変化が生じ、「本願」と呼ばれる宗教者が出現したのである。「本願」は寺院の造営や仏像の寄進などの発願者を意味する「本願主」が語源だが、この時期の「本願」は「勧進」とほぼ同義で、寺社造営に際して奉加を求めることを主たる職掌としていた。

勧進職と本願職との大きな違いは、前者があくまでも臨時に設置された役職であるのに対して、後者は特定の寺社に居住し、いわば専属の形で勧進行為に従事するようになったものである。本願は本願房あるいは本願上人ともいい、とくにその集団の統率者は「大本願」と呼ばれていた。また、定着した寺社の住坊を本願所と称した。善光寺の場合、「本願」の史料上の初見は応永三四年（一四二七）の火災のあと、文明元年（一四六九）に再建された塔の造営費用の勧進を勧めた「本願慈観上人」である。ただ、この典拠である『新撰和漢合図』は近世に編纂された一種の年代記であるため、その信憑性がやや問題となるが、上記の意味での「本願」の使用例としては、全国でももっとも古いものの一つである。

慈観についてはほかに所伝がないため、経歴等はまったく不明だが、善光寺では一六世紀中頃に見える鏡空（智浄）を初例として、それ以後の本願上人の例はいずれも尼であったことが知られるし、また、全国的に見ても伊勢神宮の慶光院や紀三井寺の穀屋寺など、一五世紀後半から存在が知られる本願所の多くは尼寺であった点から、本願職はもともと尼を主体として出現したと想定することも、あながち的外れではない。こうした点から、この慈観も尼であった可能性は否定できないだろう。

この時代に勧進する尼が活躍した背景としては、中世後期はけっして女性の社会的地位が失墜した時代ではなく、女大名ともいえるような女傑も出現したことや、とくに日用品や食品の製造・販売に携わる女性が広範に出現したことなどにうかがえるように、女性が社会のなかでもっとも躍動していた時代であった点をまず挙げうるだろう。また、喜捨を求める際には清らかな声で人々に唱導することが、より効果的であったと思われる点も、女性が多く起用された理由と考えられる。「歌比丘尼」とはそうした行動様式を有した女性勧進聖の別名の一つであった。

善光寺も乱世における以上のような社会的動向のなかで、女性宗教者によって寺内の営繕や経済活動が支えられる寺院に転化したのである。彼女たちの出自については、中世の勧進比丘尼・唱導比丘尼たちの多くが熊野三山を拠点としたことから、やはり熊野比丘尼系の尼が主流ではなかったかと推察される。信濃では早くからこうした熊野比丘尼が往来した形跡があることや（『ふせやの物語』）、享禄四年（一五三一）の善光寺造営図によると、当時境内に熊野三社権現が勧請されていたこと、さらに、近世初頭の事例だが、慶長一六年（一六一一）勧進途中に越中国砺波郡安居村の安居寺（現富山県南砺市安居）に立ち寄った「善光寺聖」を名乗る智教が、絵解き用の「熊野之本地」を所持していたことなども（安居寺文書、

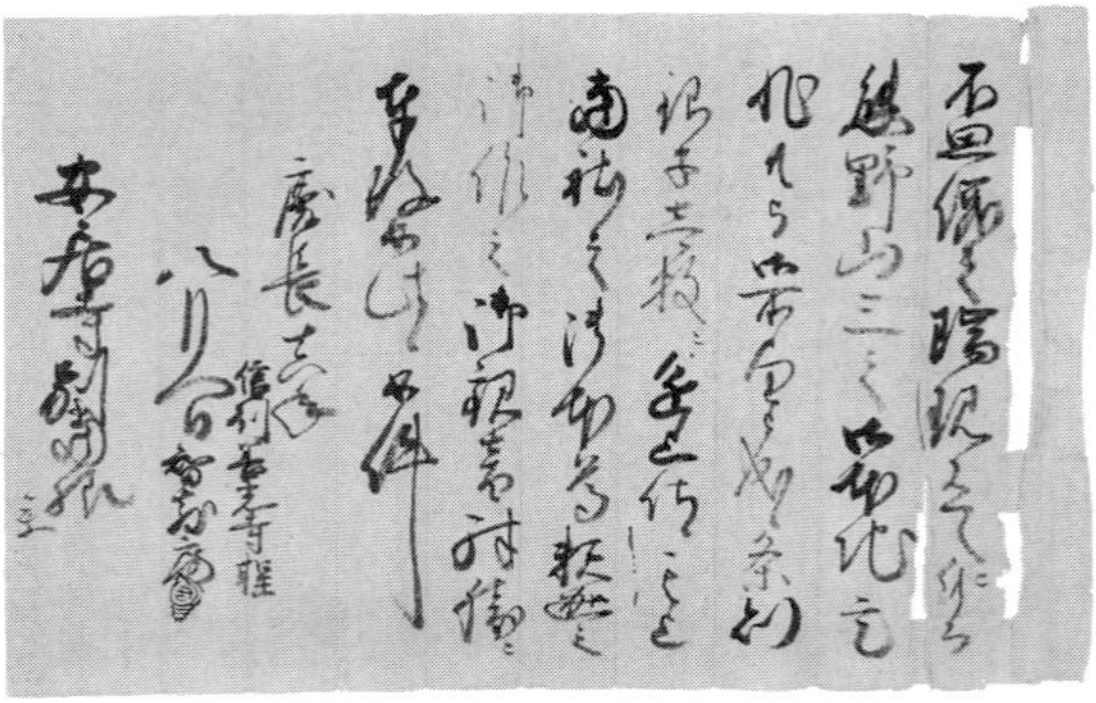

図21　智教房が「熊野之本地」を安居寺の別当に売り渡したことを示す書状。「善光寺聖」のほとんど唯一の使用例としても貴重（日付の下の部分）。

図21）、その点を示唆している。

なお、本願は専属の勧進聖といえる存在ではあったが、請われて他の寺社の本願を兼帯することもあった。近世初頭に善光寺の本願として活躍する智慶は、後述するように江戸の谷中善光寺の初代住持でもあったが、同じ頃に尾張国の甚目寺釈迦院の住職を兼ねる一方で（釈迦院文書）、同国の真清田神社（現愛知県一宮市）の般若院住職として勧進活動に従事し、慶長七年（一六〇二）には同社の本殿上葺の造作を遂げている（同社本殿棟札銘）。彼女はよほど勧進能力に優れていた人物と思われるが、当時の本願所の人的構成や組織的な面については不明な点が多く、前出した「智教」とは同一人物の可能性がありながらも、断定するには至らない理由もそこにある。

甲越合戦と善光寺

中世後期には善光寺信仰が広範な階層に浸透し、また全国各地に流布するようになったが、受容者の中心は依然として武士層であった。戦国時代になると、彼らのなかにはこれまでの模刻像に飽き足らず、信濃善光寺の本尊として伝来した、いわゆる「真仏」を持ち出して自領内の寺に安置しようとする者も現れている。明応四年（一四九五）、高井郡を本拠に水内郡まで進出していた高梨政盛もその一人で、埴科郡坂城郷を勢力基盤とした村上政清と善光寺を取り合い、これを焼き払って如来像を持ち去ったが、悪病に取り付かれたために、三年も経たないうちにこれを返還したという逸話が『王代記』に見える。そのとき、高梨氏が安置したのが中野新善光寺（川東善光寺）で、今の南照寺（中野市松川）とされているが、当時、こうした動きは、近隣武士層による相互の勢力拡張の過程でしばしば見られたようである。

ところが、その後、有力武将たちによって本尊が移座され、四〇年近くも遠く信濃の地を離れて流転するという事態が起こった。その発端となったのは数度にわたって繰り広げられた甲越の合戦である。天文二二年（一五五三）、村上義清・高梨政頼らの北信濃の領主は、信濃侵攻を進めていた武田晴信の圧迫に耐えかねて、越後の長尾景虎（のちの上杉謙信）を頼った。景虎は信濃の武士たちを援助することを目的に出兵し、ここに世にいう川中島の戦いが始まった。弘治元年（一五五五）、二回目とされるこの年の戦いで、景虎（この頃は政虎）が善光寺に隣接した横山城に出陣したのに対して、武田軍は犀川を隔てた更級郡の大塚（現長野市青木島）あたりに陣を取った。両軍は七月一九日に一度交戦しただけで膠着状態に陥り、今川義元の調停で双方とも帰国することになったが、この際に景虎は善光寺から仏像・仏具の一部を越後に移したようで、それらを安置したのは春日山城下に近い直江津にあった、府内善光寺（浜善光寺とも）とされている。

ここには信濃からも住民が移住し、門前町が形成されて賑わいを見せたが、のち上杉景勝の国替えに伴って、これらの仏像・仏具も陸奥国会津若松、さらには出羽国米沢へと移った。現在、山形県米沢市の法音寺に所蔵される、鎌倉時代の金銅製の五鈷杵・五鈷鈴・舎利塔・善光寺如来宝印などの仏具は、景虎が信濃から運んだ遺品とされているものであり、また、同県南陽市宮内の熊野大社に所蔵される御輿・華鬘・瓔珞などは、その際に善光寺如来像を遷座するために使用されたとの伝承がある。

なお、景虎が持ち出した仏像に関しては、その後の経緯からすると、善光寺の当初からの本尊ではなく、それは武田方に先を越されたことが理由であったようである。後に大勧進の重栄が執筆したという『御遷座縁起』によると、弘治元年七月三日に、景虎が飯山に退いた隙を見て晴信が奪取したとある。当時、善光寺の「堂主」と称して善光寺を実質的に管理していた栗田鶴寿（俗名は寛久か）は、初め上杉方に属していたものの、途中から武田方に寝返って、弘治元年当時は、善光寺から程近い旭山城に拠って、景虎軍と対峙していたとされるから（『妙法寺記』）、この栗田氏があらかじめ本尊などを避難させていた可能性もあるだろう。

甲斐善光寺の建立

こうして、武田方が手中に収めた仏像・仏具には本尊の善光寺如来像のほか、現在も甲府市の善光寺の本尊となっている建久六年（一一九五）在銘の銅造阿弥陀如来三尊像、源頼朝以下の三代将軍の木造坐像、同じく熊谷直実坐像、絹本著色当麻曼荼羅図、さらに「引き摺りの鐘」の俗称で知られる正和二年（一三一三）在銘の梵鐘（**図12**）などがあったが（『甲斐善光寺記録』）、信玄は甲斐国に移座する前に、これらをいったん小県郡祢津村（現東御市祢津）に安置したとされる（『御遷座縁起』『武田信玄卿甲陽善光寺建立記』）。祢津氏は早くから武田氏に従い、晴信とは姻戚関係にあったことも理由の一つかと思われる。その遷座先についての確実な史料はないが、地元には東御市祢津の大日堂（長命寺の所管）ではないかとする伝承が残されている。祢津村に安置されていたのは三年ほどで、永禄元年（一五五八）八月には甲斐国に移された。

　甲斐国は早くから時衆遊行派の基盤があった地だが、とくに晴信の父信虎の時代に教団としての浄土宗や浄土真宗の教線が伸びたところで、信虎自身も大永年間（一五二一―二八）に二度も信濃善光寺を参詣したことが知られている（『高白斎記』）。信玄による善光寺如来の遷座は多分に政治的な意図もあったが、こうした状況からすれば、甲斐国の人々には熱狂的に迎えられたのではないかと推察される。新しい善光寺はこの年一〇月から板垣村（現甲府市善光寺町）で地引きを始め、翌年四月に普請に着手、永禄七年（一五六四）には棟上げが行われた。その間、如来像や諸仏は上条村の法城寺（廃寺。戦前まで甲府市東光寺三丁目に所在した）や付近の仮屋などに奉安されていたようだが、翌永禄八年三月二七日に金堂の落慶入仏供養が執行された（『王代記』ほか）。

　これら善光寺の仏像・仏具類とともに、栗田鶴寿や大本願の鏡空（智浄）をはじめ、多くの僧衆・尼衆や門前住人たちも一緒に移り住んだ。このうち栗田鶴寿には、永禄一一年（一五六八）に、堂明坊・堂照坊が四十八度札の発行と仏前の灯明を退転なく行うこと、および頒布した札の礼銭は経衆と中衆で配分すべきこと、の二か条が信玄から命じられた。「四十八度札」とは、『無量寿経』に説かれる「弥陀四十八願」に因むもので、参詣者に頒布した一種のお守り札のことである。ついで、元亀元年（一五七〇）には〈信濃国内の〉本領を安堵されるとともに、新たな知行地として同国水内郡の千田・市村両荘を与えられている（以上、「栗田文書」）。

天正九年（一五八一）、遠江国の高天神城〈現静岡県掛川市〈旧小笠郡大東町〉〉に籠城していた栗田鶴寿が、徳川家康軍の攻略によって戦死すると、そのあとを継いだ永寿〈俗名は寛喜〉は、武田勝頼から善光寺支配に関わる定書を下された。その内容は善光寺の小御堂・坊中ならびに町屋敷の支配を認めること、「信州本善光寺」より集来した僧俗が罪科人を保護したり、罰銭等の役儀を出すことは一切停止すること、などの五か条からなっており、善光寺の支配権をこれまで通り安堵するとともに、信玄の定法を遵守するように命じたものであった。武田氏の滅亡後に相次いで甲斐国の領主となった、徳川家康・羽柴秀勝・加藤光泰・浅野長政・同幸長らは、いずれも栗田永寿による同様の善光寺支配権を認めているから〈栗田文書〉、豊臣政権のもとでは、栗田氏の伝統的な管理体制が定着していたことがうかがわれよう。

一方、興味深いのは大本願の尼上人の場合で、本来からあった勧進などの営繕部門の担当にとどまらず、用材調達などの工事全般を督励したり、法会・仏事を主催するなどの職務を行うようになったことである。すなわち、智浄は永禄一一年（一五六八）一一月には、金堂用材の不足分を八幡天神社で伐採することを信玄から認められているし（甲斐善光寺文書）、永禄七年（一五六四）七月に行われた金堂棟上の際や、元亀三年（一五七二）に金堂内陣で四十八夜念仏修行が行われた際には、それらの導師を勤めていた（『甲斐善光寺記録』）。こうした例は事実上、大本願の尼上人が寺内の統括者たる地位についていたことを意味するものだが、大勧進として新たに遠江国の厳水寺（現静岡県浜松市天竜区二俣の岩水寺か）の源瑜法印なる僧を起用していることや（金堂棟札銘写）、智浄が甲斐善光寺の「開山」として伝承されていることも（『甲斐国志』）、この点を裏付けるものだろう。

転々とする善光寺如来像

天正一〇年（一五八二）三月、織田氏の侵攻により武田勝頼は天目山麓の田野村（現山梨県甲州市大和町）で自害し、ここに武田氏は滅び去った。善光寺如来像は甲斐一国を制圧した織田信忠の手で、美濃国の岐阜城下に運ばれたが、安置されたのは金華山麓にそれ以前からあった、伊奈波新善光寺（現岐阜市伊奈波通）とされる。当寺の「如来堂」には、永禄一二年（一五六九）に織田信長を頼って美濃国に滞在中であった山科言継が、二度も参詣したことが知られ（『言継卿記』）、当初は規模の大きい寺であったようだが、明治以後は子院の安乗院に吸収されて今日に至っている。

この後は確実な史料を欠くが、前にも引いた『御遷座縁起』によると、それから三か月も経たない六月二日、本能寺の変で信長・信忠父子が自死すると、信忠の遺児三法師（秀信）の後見役として尾張国の清洲城主となった信長の次男信雄が、今度は清洲城下の甚目寺（現愛知県あま市）に移したとある。この寺は観音霊場として知られる尾張国有数の古刹で、『一遍聖絵』には、当寺の観音像は「善光寺如来脇士」と記されているように、早くから善光寺信仰の影響を受けていたから、善光寺如来像の奉安場所としてはまことにふさわしい寺であり、事実とみてよいと思われる。現在も子院として残る釈迦院（尼寺）は、このときに如来に供奉してきた大本願の智慶が一時期住職を兼ねていた本願所に由来し、彼女の木像が今も残されている。

甚目寺に安置されていたのはちょうど一年ほどで、今度は徳川家康がこれを所望したため、天正一一年（一五八三）六月、三河国の吉田（現愛知県豊橋市）まで移されたことが『家忠日記』に見える。同書にはその後の経緯は記されていないが、『御遷座縁起』によれば、家康が本拠としていた遠江国の浜松に運ばれ、城下の鴨江寺に安置されたとある。鴨江寺にはこのことに関する当時の記録は残されていないが、これもほぼ事実を伝えたものとみてよいだろう。この寺は行基開創伝説を有する古刹で、現在も静岡県浜松市中区東伊場にあって、地域霊場として近隣の人々の信仰を集めている。

なお、家康が信雄から如来像を譲り受けたのは、信長以後の後継者争いの渦中で、羽柴（のち豊臣）秀吉に対抗するために両者が同盟を結んでいたという背景があった。鴨江寺に滞在していた期間は不明だが、この年のうちには再び甲斐善光寺に帰還したようである。この理由を『御遷座縁起』は、家康が「本所に帰るべし」との如来の夢告に従ったためだと記しているが、信濃国ではなく甲斐国であったのは、この当時は甲斐国が家康の領国になっていたことによるものである。その年の四月に家康は、甲斐善光寺に二五貫文の寺領を安堵していた事実があるから（甲斐善光寺文書）、もともと浜松に如来像を長く留め置くつもりはなかったことが推察される。

方広寺への遷座と信濃帰還

慶長二年（一五九七）六月、善光寺如来は最後の長旅に出ることになる。天下人になっていた豊臣秀吉の要請により、前年閏七月の慶長伏見大地震で破損した、京都東山の大仏殿（方広寺）の本尊として安置されるための上洛であった。当時、秀吉は病状が思わしくなく、その平癒のために平泉中尊寺の一切経なども大仏殿に運び込まれていたから（『当代記』）、もはや政治的な利用というより、「三国伝来の生身如来」に縋りたいという気持ちのほうが強かったのではないかと思われる。

遷座するに当たっては、甲斐一国の領主であった浅野長政を奉行として、甲府から京都までの路次を人足五〇〇人、伝馬二三六匹で送迎するように諸大名に命じている（甲斐善光寺文書）。そのルートは甲斐国から富士川沿いに駿河国に抜け、東海道筋を通るというものであった。送迎に当たった大名は、駿河まで移座した浅野長政のあとを受けて、中村一氏（駿河府中城主）、山内一豊（遠江掛川城主）、有馬豊氏（遠江横須賀城主）、堀尾吉晴（遠江浜松城主）、池田輝政（三河吉田城主）、田中吉政（三河岡崎城主）、福島正則（尾張清洲城主）らに引き継がれ、伊勢から近江にかけての道中の一部では、長束正家（近江水口岡山城主）や、当時は関東に移されていた徳川家康も担当していたから、まさに錚々たる顔ぶれであったといってよい。最後は、京極高次（近江大津城主）が大津より大仏殿まで送り届けている。

大仏殿への入仏は七月一八日であった。如来を京都に迎えるに当たっては、秀吉の信頼が厚く、方広寺造営の際に勧進も担当した高野山の興山応其（木食上人）が采配を振るった。前夜に一泊した逢坂の関寺からは真言・天台両宗の僧徒おのおの一五〇人の御迎衆が左右に分かれて先導し、如来を奉安した金襴の御輿の先駆は応其自身が勤め、さらに、そのあとを数百人の警固の武士を従えた浅野長政が続き、後陣には方広寺の住持に任命されていた照高院（前聖護院道澄の隠居後の院号）を始めとする、妙法院（常胤）・三宝院（義演）・大覚寺宮（空性）・聖護院（興意）・梶井宮（最胤）・竹内宮（覚円か）の七門跡が供奉したと『義演准后日記』、『梵舜日記』（『舜旧記』とも）、『鹿苑日録』などに見えている。

一方、この如来の遷座については、大本願の智慶の尽力も多大なものがあったようである。彼女は甲斐から上洛するに先立って上人号の勅許を願い出て、寺門派の実力者でもあった方広寺住持の道澄やその兄の近衛前久、武家伝奏役の勧修寺光豊、さらには徳川家康らを動かして、これを実現させた（大本願文書）。彼女はむろん如来の行列にも随仕している。

如来を安置した大仏殿には京中の貴賤万民が群参したことが諸書に見え、当時の都での熱狂ぶりがうかがわれる。如来の遷座中に秀吉がここで行わせた特筆すべきことといえば、「大明朝鮮闘死之衆」を弔うための法会が挙げられよう。すなわち、『鹿苑日録』によれば、この年秀吉が起こした第二次朝鮮侵略（慶長の役、丁酉再乱）に抗して、戦死した明や朝鮮の人々の耳鼻を埋納した耳（鼻）塚を大仏殿西門前に築かせ、九月二八日にはそれを供養する大施餓鬼を、木食応其と相国寺の西笑承兌《さいしょうしょうたい》（同書の筆者）を責任者として執行させたのである。しかし、善光寺如来の功徳をもってしても、肝心の秀吉の病状は快方に向かうことなく、結局、如来の夢告によって本国へ帰還させることとなり、翌慶長三年（一五九八）八月一七日、小雨の降るなかをにわかに都を出立した（『梵舜日記』など）。

それは秀吉の死去する前日というあわただしさであったが、これより善光寺如来はじつに四三年ぶりに信濃国水内郡に戻ることになったのである。入洛の時と違って簡素な行列で、御輿に随仕したのは大本願の智慶尼のほか、一五人の灯明衆ぐらいであったようである。『御遷座縁起』によれば、この時の奉行は森右近太夫（忠政）とあるが、奇しくも忠政は翌々年の慶長五年（一六〇〇）、家康によって美濃金山城主から、善光寺のお膝元である海津（のちの松代）城主に抜擢された人物であった。なお、同書では智慶のことが故意か不用意か脱落しており、代わりに大勧進の重栄が灯明衆を率いて帰還したかのように記述している。これまでたびたび引用してきた同書は、元和元年（一六一五）大勧進の重栄自らが「撰写」したとの奥書を有するもので、先の記述には近世以降に顕著になる、大勧進と大本願の対立が暗示されていたともいえるだろう。

栗田氏の末路

一方、善光寺の「堂主」あるいは「別当」（実際には俗別当）を称した栗田氏の動向だが、武田氏に仕えた永寿（寛喜）は、これらの遷座にはいずれにも同行しなかった。もともと在地領主層であり、善光寺の僧衆ではなかったから当然でもある。前述したように、永寿は武田氏滅亡後も徳川家康を始めとする、歴代の甲斐国領主によって善光寺の支配権を安堵されていたが、如来の上京後は自身の存立基盤が失われたせいか、越後の上杉景勝のもとに身を寄せている。しかし、慶長五年（一六〇〇）関ヶ原の戦のあと上杉氏が没落すると、浪々の身となったようで、慶長八年（一六〇三）には信濃に舞い戻ってきた。このとき、信濃の旧領をすでに失っていた永寿はかつての「別当」への復帰を画策し、その旨を家康に取り次いでくれるように大本願の智慶に懇願した形跡があるが、その望みはかなえられず、ここに室町時代後期から続いていた栗田氏と善光寺の関係は絶たれた。永寿はその後も善光寺の近辺で侘び住まいをしていたが、正保三年（一六四六）に死去し、善光寺に隣接した菩提寺の寛慶寺に葬られた（以上、栗田文書など）。なお、永寿の子の久吉は、永寿の母が家康の重臣酒井忠次の後室になっていた縁で、のちに酒井家に仕官し、子孫は出羽庄内藩士となっている。

栗田氏の一族にはこのほか、永寿の叔父とされる人物で、早くから上杉氏に仕えた刑部（国時）がいたが、慶長三年（一五九八）に景勝の会津移封に伴って、やはり信濃から去っている。刑部は会津領では八五〇〇石という高禄を給されたが（上杉編年文書）、関ヶ原の合戦の直前、徳川方への内通の嫌疑をかけられて、妻子・家臣とともに討ち取られ非業の最期を遂げた（『東国太平記』）。その際、ただ一人生き残った刑部の末子寛政は徳川頼宣に召し抱えられ、子孫は水戸藩士となっている。

第三章　近世――庶民信仰の展開――

1　江戸幕府と善光寺の復興

善光寺領の確定

善光寺如来が流転している間に、信濃善光寺とその門前町はほとんど荒廃に近い状態に置かれていたと思われるが、本尊が送還されると、その翌年の慶長四年（一五九九）には、秀吉の後を継いだ秀頼によって「御堂」が建立されたことが『当代記』などに見える。これは全面的な改築というより、おそらく文明六年（一四七四）の火災のあとに再建されていた堂宇の修復であろう。本尊の如来像も同時に修理されたようである。

ついで、徳川家康は慶長六年（一六〇一）の関ヶ原合戦に勝利して天下の覇権を握ると、水内郡内の四か村、すなわち長野村、箱清水村、七瀬河原村および三輪村の一部からなる都合一〇〇〇石の寺領を寄進した。信濃国内で家康の朱印状によって寺社領が寄進された最初である。ついで同八年（一六〇三）、家康が征夷大将軍に任命され江戸に幕府が開かれた年、代官の大久保長安によって善光寺の西に位置する朝日山（旭山）が善光寺造営料所とされた。正保二年（一六四五）に、前出の四か村のうちの三輪村は平柴村と替地となったが、これは平柴村が朝日山の山麓に位置していたという事情による。

こうして善光寺の復興が進むと、近郊の農村から人々が流入し、門前町は昔ながらの賑わいを取り戻したが、さらにそれに弾みをつけたのは、慶長一六年（一六一一）に善光寺宿が、川中島領（北信四郡）を支配していた越後国主の松平忠輝（当時の居城は越後福島城）によって、北国往還の宿場に指定されたことである。これによって、善光寺の門前は参勤交代の諸大名を始めとするさまざまな人々が往来する交通の要衝となったばかりか、周辺からの物資の集散地ともなり、善光寺町は宿場町を兼ね備えた地方都市として発展していくことになった。善光寺宿はこのほかいくつかの脇往還とも結ばれたが、とくに中仙道の洗馬宿とを結ぶ善光寺街道は、木曽・伊那方面からの参詣者を迎える主要ルートとなり、江戸時代後半からは庶民の旅行ブームと相俟って利用者が増加の一途をたどっている。

大勧進と大本願の並立

近世初頭に善光寺の伽藍や寺領が復興するなかで、寺院全体を管理する寺内寺院として、「大本願」と「大勧進」の二つが成立した。大本願は一五世紀中頃までに寺内に定着し始めていた本願所に起源のある尼寺で、学侶層が寺内の主導権を失うなかで経済力を背景にして次第に成長し、武田氏によって善光寺が甲斐国に移転した時点では、実質的に寺院組織を統括する地位についていたことは前述したとおりである。江戸初期まで少なくとも数代は相承されていたようで、正規の寺号を光見寺（もしくは光源寺）、山号は歓喜山、院号は善心院と称したとある（『元禄前之善光寺』）。

これに対して「大勧進」は、もともと募金活動を担当する勧進聖の頭目を意味する言葉である。本願と同様に禅律系や念仏系の遁世僧尼が起用される役職で、本来は常時置かれていたわけではなく、寺社の修造や仏像・仏具の奉納に際して臨時に任命されるのが特徴であった。善光寺の場合も、鎌倉時代には再建のつど任命されており、寺内の恒常的な役職となったのは、善光寺の復興を企図した上杉景勝が、天正九年（一五八一）に越後国に逃れていた妙観院を大勧進に任じて以降のことである（法音寺文書）。

ところが、幕府の保護による再興が進む過程で、大勧進がしだいに頭角を現し、両者の立場は逆転していった。そのことはまず、慶長六年（一六〇一）九月に寺領一〇〇〇石の配分が確定した時に、大勧進の一〇〇石に対して大本願は五〇石とされたことに示されているが、それのみでなく、これまで大本願の有した権限も徐々に狭められていった。こうした傾向に乗じて、当初は大本願住職と大勧進住職が揃って「両寺別当」と呼ばれていたのが（信濃教育会所蔵文書）、しだいに大勧進が単独で「別当」号を称するようになっていくが、その背景には、大本願の住職が江戸に居住するようになり、善光寺を留守がちになったことも影響している。

大本願と大勧進が当初どのような役割分担をしていたのかは、必ずしも明確ではないが、本堂の造営は大本願だけで行うのが慣例であるというのが大本願側の主張で、寛永一九年（一六四二）の本堂焼失のあと、仮堂の造営をめぐって最初の大きな相論が起こっている。しかし、寺社奉行の裁決の結果は、両寺が協力して本堂造営を行うこと、および善光寺の支配は大勧進が行うこと、というものであった（内田雅雄所蔵文書）。大勧進と大本願の紛争はこの後も、江戸時代を通じてしばしば起こっている。

寛永寺の末寺化

大本願と大勧進の反目は寺内での主導権争いにとどまらず、帰属宗派をめぐる対立にも発展し、幕府の宗教統制策とも相俟って、配下の院坊はたびたび所属する宗派の変更を余儀なくされた。園城寺の管轄から離れ、戦国期に学侶層が失墜するなかで主導権を握った大本願も、あるいはやや遅れて頭角を現した大勧進にしても、いずれも勧進活動や営繕を任務とした聖方に由来していたから、当初は所属宗派がはっきりしていなかったのは当然であった。大本願の住坊である光見寺が浄土宗に属したのもおそらく近世に入ってからであろう。

一方、大勧進の場合は、甲斐善光寺の時代に源瑜が任用されていたことは前述したが、彼は「真言無双ノ道人」と呼ばれていた（『武田信玄卿甲陽善光寺建立記』）。また、如来の信濃帰還後に名前の見える重繁、重栄、重吽までは、その住坊の妙観院は醍醐寺松橋無量寿院の末寺であったことが知られており（『善光寺史研究』所載文書）、天海によって宗旨が天台宗とされ、江戸寛永寺の直末と定められたのは寛永二〇年（一六四三）のことで、次の重昌の時代であった。

当時の善光寺内には四六の院坊があり、衆徒・中衆・妻戸の三寺中から構成されていたが、右の施策により大勧進の配下にあった二一院の衆徒は正式に天台宗に属することになった。これに対して、大本願配下の中衆一五坊は浄土宗、また妻戸一〇坊は時宗に属していた。これらの三集団は中世からの伝統を引く組織であり、とくに衆徒は戦国期頃までは「経衆」と呼ばれていた学侶層に由来する僧徒であったとみられる。

ところが、寺内の統制を強めようとした寛永寺では、貞享三年（一六八六）貫主を兼ねた日光輪王寺宮門跡が一三か条の掟を定め、これまでの衆徒だけでなく、中衆・妻戸についても大勧進の下知に従うこととし、加えて大本願の配下にあった中衆も天台宗に改宗することを強制した（大本願文書）。これに対して、大本願は訴訟を起こし、元禄九年（一六九六）には一時的に中衆一五坊が浄土宗に復帰したが、それも長続きせず、元文五年（一七四〇）には寺社奉行牧野貞通の意向を受けた寛永寺より、大本願自体も天台宗に属するように申し渡されている（大勧進文書）。当時の尼上人の墓碑銘には、浄土宗特有の蓮社号・誉名が使用されているから、自身は天台宗に改宗することはなかったようであるが、この措置によって、善光寺一山は天台宗に一元化されることになり、善光寺支配に対する大勧進の優位は不動のものとなった。

類似した他寺の事例

ちなみに、善光寺のように一つの寺院内で宗派の異なる子院が並立して、互いに主導権争いをするようなことは、じつはそれほど珍しいことではなく、近世には規模の大きい霊場寺院や一山寺院ではしばしば見られたことであった。こうした混乱が起こったのは、中世には地方寺院の多くは特定の教団には属しておらず、とくに霊場系の寺院では前述した本願所のほかにも、さまざまなタイプの宗教者が寺内に居住するようになっていたのに対し、江戸幕府は宗教統制の一環として本末制度を定め、すべての寺院をいずれかの宗派に帰属させようとしたことが背景にある。善光寺と似たような例としては、山城の宇治平等院や大和の当麻寺などが挙げられよう。

宇治平等院は中世後期に、それまで天台宗寺門派の管轄下にあった学侶層が主導権を失うと、代わって真言宗系と浄土宗系の僧侶が進出した。ところが、近世に入ると真言宗が撤退して、再び天台宗寺門派がそれに代わり、浄土宗側とたびたび争論を引き起こしたため、江戸幕府の裁定により天台宗の最勝院と浄土宗の浄土院の二院が交代で管理することとなり、現在に至っている。平等院自体は今日も単立寺院であるから、善光寺の場合とよく似た経過をたどったことになる。これに対して、当麻寺の場合は山内の塔頭のうち五院が真言宗、二院が浄土宗に属しているが、現在の寺務運営は両宗が共同で行っており、寺自体も二宗両属という変則的な形態を取っているのが特徴である。

大本願と江戸・大坂の善光寺

むろん、幕府もけっして大本願を冷遇したわけではない。江戸と大坂に寺地を与えられたことなどは、その点を裏付けている。武蔵国豊島郡谷中村に寺地を与えられ、慶長六年（一六〇一）に建立されたのが江戸谷中の善光寺であるが、これは元禄一六年（一七〇三）に類焼したため、替地として拝領した青山の地（現東京都港区北青山）に伽藍が再建されて現在に至っている。住職の尼上人は江戸時代を通じて、原則としてこれらの江戸の新善光寺に居住していた。

このため、将軍奥方を始めとする大奥女性の善光寺如来に対する信仰も篤く、寛文一〇年（一六七〇）には、本理院（徳川家光の正室鷹司孝子）が四代将軍家綱の息災延命を祈願して『大般若経』六〇〇巻を寄進したり、元禄五年（一六九二）には、桂昌院（五代将軍綱吉の生母）の要望で、回向院での出開帳終了後に如来像が江戸城三の丸に安置されたこともあった。信濃善光寺の境内に春日局や本理院などの供養塔が建立されたのも、そうした大奥女性の信仰が背景にあってのことである。

大坂では元禄一一年（一六九八）の新田開発の際に、善光寺如来が出現した「難波の堀江」の名残りの地という伝承のあった、「阿弥陀池」の地（現大阪市西区北堀江）を拝領し、正徳五年（一七一五）智善の時に、ここに和光寺が創建された。尼上人は当初この寺の住職も兼帯し、上洛の折などにはその宿所ともなっている。

一方、戦国期以来、朝廷や公家とのつながりも深く、元和七年（一六二一）後水尾天皇の時に清信上人が宮中に参内して以来、代々の大本願住職は「継目の参内」を行うのが慣例となった。その際には、事前に「国家安全・宝祚長久」を祈禱すべき旨の綸旨を賜り、紫衣を着用することが許可され、併せて上人号を公称することも認められた。「上人」とは「聖人」と同義で、元来は学徳を有する民間の僧尼の敬称に過ぎなかったが、中世末頃から次第に勅許を必要とする、格式ある僧尼位に転化したものである。大本願の尼上人は通称「善光寺上人」と呼ばれ、伊勢神宮慶光院の伊勢上人、熱田神宮誓願寺の熱田上人とともに「天下の三尼上人」と併称されることもあった。

江戸幕府は宗教統制を強化するのに伴い、善光寺全体の支配権については、天台宗教団を通じて大勧進の優位性を認めようとしたが、これは究極のところ、封建的主従関係を支える家父長制を貫徹させようとする政策と無関係ではなく、その点は善光寺領の町人・百姓の「仕置」はもっぱら大勧進に行わせようとしたことにも表れている（内田雅雄所蔵文書）。そして、さらにいえば男尊女卑的な考え方が社会に浸透しつつあったことも背景にあった。そのことは、この時代には女性の正規の出家得度や、尼寺の創建・存続がきわめて困難となっていた点からもうかがわれよう。こうした時代の趨勢のなかにあって、大本願は伝統的権威を主張するとともに、大奥や宮中の支持を取り付けながら、自らの立場を維持することに努めていたのである。

寺領の支配と善光寺町

善光寺領一〇〇〇石は、前述したように長野村・箱清水村・七瀬河原村・三輪村（のちに平柴村と交換）の四か村からなっていた。一般に寺社領は大名や旗本の領地と同格の独立領であったから、造営事業の時などに松代藩の助力を得ていたことを除くと、原則として善光寺による独自の領内政治が行われた。すなわち、領主は大勧進と大本願であり、両住持のもとに召し抱えられたおのおのの代官や寺役人（寺侍）が実際の政務に携わっていたのである。

寺領の支配に関しては大勧進と大本願は一応対等とされていたが、事実上はこの点でも大勧進側の寺役人に主導権が握られていた。寺役人の下には数名からなる町年寄が置かれ、さらにその下に一一人の庄屋がいたが、これは平柴村・箱清水村・七瀬河原村のおのおのの庄屋のほかに、長野村の中に八町（幕末には一五町）から構成される、いわゆる善光寺町があって、それぞれの町に庄屋が置かれたためである。このほか、庄屋が町年寄の支配下にはなく、大勧進・大本願にそれぞれ直属した町として横沢町と立町があった。善光寺領が「八町三村両御門前」と称されたのは以上の理由による。なお、長野村に隣接した権堂村は天領で、松代藩預かり領となっていたが、善光寺参詣客の花街として最盛期には水茶屋三十数軒、抱え女二百数十人を数えたといわれ、広い意味で善光寺町の一郭として機能していた。

善光寺町を含む領内では、寺僧が政務や年貢の徴収等に関わることはなかったため、寺役人とりわけ大勧進代官の権限は絶大で、とくに江戸初期には苛政を行って改易されることがしばしばあった。寛永一六年（一六三九）に大勧進代官の高橋円喜斎の非法が下大門町から幕府に訴えられたのが最初である。この時は他の町衆の同意が得られず、訴訟は却下されたようだが、延宝六年（一六七八）には、その後裔の高橋庄右衛門の非法が領内の村々の百姓や善光寺町民から訴えられ、これによって庄右衛門は家財没収の上で追放されるという処罰を受けている（以上、大勧進文書）。

これに代わって代官に任命されたのが今井磯右衛門だが、文化一〇年（一八一三）にはその後裔で七代目今井磯右衛門が、また天保九年（一八三八）には八代目今井磯右衛門が、ともに町内の食糧不足に対する失政を問われて相次いで免職されるという事態を招いている（大勧進文書）。前者の文化一〇年は折からの米価高騰により善光寺町の町人が蜂起して、打ちこわしが起こった年でもあった。しかし、後者の事件の際には善光寺町民や領民らの赦免願が提出されており（県立長野図書館所蔵文書）、むしろ大勧進住持や彼と結託した寺侍らが責任を押し付けようとしたことが背景にあったようである。

以上の例からわかるように、「庶民信仰」として賑わった霊場寺院といっても、善光寺自体は封建制度のもとにおける領主的存在であったから、領内で一揆や打ちこわしが起こったとしても別段不思議ではなく、大名領や旗本領とさほど変わることはなかったのである。

2　火災と出開帳

三都開帳と回国開帳

慶長年間に豊臣秀頼によって再興されたといわれる本堂は、元和元年（一六一五）に雷火で焼失したが（『本光国師日記』）、このあと、寛永一九年（一六四二）と元禄一三年（一七〇〇）にも本堂が焼失する火災が起こっている。したがって、江戸時代における本堂の再建は都合三回あったことになり、現在の本堂は元禄一三年に焼失した後、宝永四年（一七〇七）に再建されたものである。その間に仮堂の建替えや諸堂の類焼などもあったから、部分的な修理を含めると、近世の修造事業はかなりの回数に上っている。

善光寺ではこれらの造営費用を、幕府の許可を得たうえで、全額を出開帳で集める方針をとった。最初の出開帳は寛永一九年（一六四二）の火災のあと、二度の建替えを経ていた仮堂（いわゆる寛文如来堂）の破損が進み、その全面的な改築が急務となったため、元禄五年（一六九二）六月五日から五五日間行われたものである。場所は江戸両国の回向院（現東京都墨田区両国）であった。同七年には、京都の真如堂（正しくは真正極楽寺。現京都市左京区浄土寺真如町）と大坂の四天王寺でも出開帳が行われ、引き続き全国の回国開帳が五年間にわたって行われた（『元禄宝永回国勧化記』）。いずれも大成功を収め、三都合わせた分だけで一万三〇〇〇両を超える純益を得ている。これによって新本堂の造営工事が元禄一〇年（一六九七）二月に開始されたが、同一三年（一七〇〇）七月に門前町から出火した大火災によって、建設中の金堂や用材などもすべて焼失する事態となった。

これを受けて、元禄一四年（一七〇一）三月から六〇日間、江戸谷中の感応寺（現東京都台東区谷中の天王寺）で開催された第二回の出開帳は、本堂の再建を目指して行われたものである。この出開帳の収益は思いのほか少なく、引き続き同年九月から五年にわたる回国開帳が開始された。回国開帳としてはこれが最初で、巡回先は上総を皮切りに関東・東海・関西・山陽から九州各地を廻り、山陰を経て宝永三年（一七〇六）八月に、越後から善光寺に戻っている。一行を率いたのは大勧進の慶運であったが、彼は老中柳沢吉保の甥とされ、駒込大保福寺の住職（谷中感応寺兼住）から大勧進の住職に抜擢されたもので、先年の建築中の火災を重くみた結果であろう。ちなみに、当時の大本願の住職智善も吉保の娘であったとの説がある。一方、造営工事に関しても、幕府作事方大棟梁の甲良豊前宗賀が設計を担当し、現地の工事は棟梁の森万兵衛以下、伊勢国一身田専修寺の宮大工が多く起用されて指揮を執っている（『如来堂再建記』）。

この回国開帳も成功し、すでに宝永二年（一七〇五）四月から工事が始められていた本堂は同四年七月に完成した。現存する本堂がこれで、後述する弘化の大地震でも倒壊を免れている。新金堂の特徴はそれまでの位置（現在の仲見世通り）から、場所が大きく後退したことである。これは門前町から発生することの多い火災を避ける意図からとされており、のちに計画された五重塔再建が不許可になったのも同じ理由からであった。ところが、この伽藍配置の変更により、大勧進と大本願の本堂に対する位置関係が変化したことも見逃せない。寛文年間（一六六一―七三）頃の善光寺周辺の様子を描いたとみられる「信濃水内彦神別神社遺跡之図」（長野市立博物館関川文庫蔵、**図22**）などによれば、大本願は本堂のすぐ手前に堂宇を構えていたのに対して、大勧進は本堂の裏手に立地していたのであるが、これ以後は本堂のすぐ脇に位置する恰好になったのである。両者の力関係の交替を示唆する一例であろう。なお、新本堂のもう一つの新しい点は、少なくとも江戸初期以降は「東向き」であった本堂が「南向き」、すなわち三門から見て正面の向きに改変されたことであった。

出開帳はこの後、諸堂宇の修理などを名目にして、元文五年（一七四〇）―寛延元年（一七四八）、安永七年（一七七八）―天明二年（一七八二）、寛政六年―同一〇年（一七九四―九八）、享和三年（一八〇三）、文政三年（一八二〇）にも行われ、先の二回と併せて都合七回実施された。このうち、安永から寛政年間の出開帳は五重塔再建が主たる目的で、諏訪の宮大工立川和四郎富棟によって設計図も作成されたが、前述したように、この造営は結局幕府から許可が下りなかった。出開帳は

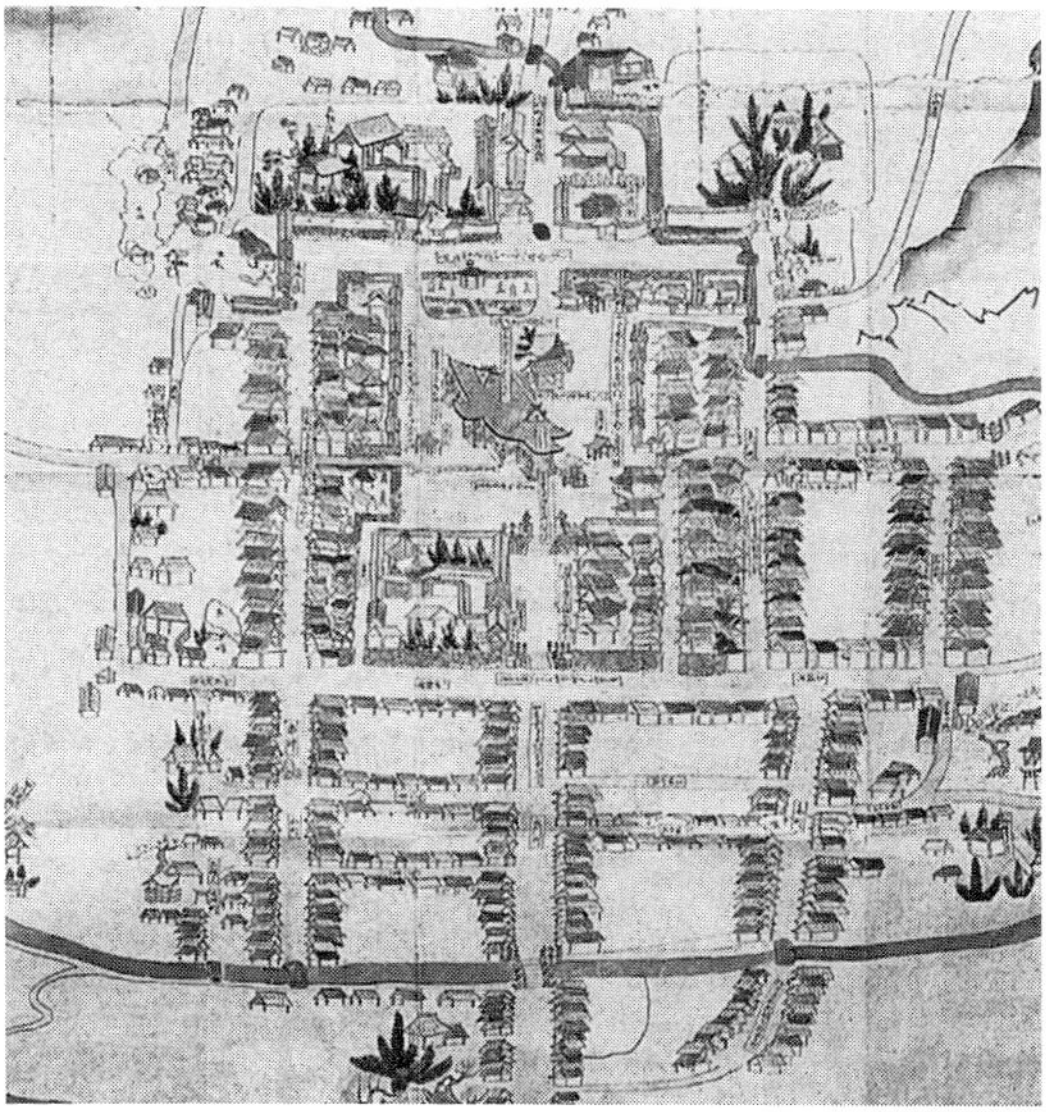

図22　寛文年間（1661〜73）頃の善光寺境内とその周辺を描いた絵図。明治5年（1872）の写し

江戸・京・大坂の三都開帳と回国開帳がセットで行われることが慣例となっていたが、上記のうち第六回（浅草寺伝法院）と第七回（両国回向院）は江戸のみで行われたものである。回国開帳はいずれの場合も一万両前後の純益を上げていたが、江戸での出開帳は不振で、最後は欠損が出るありさまであった。

以上のように、出開帳の目的は修造に要する費用を調達するためであったが、その歴史的意義は善光寺信仰を全国各地に、しかも一般庶民層に広げたことにあったといえるだろう。そのことは大名や豪農・豪商等の大口寄付に頼らず、収入の大部分が賽銭と御印文銭であったことにも示されている。

御回向と毎日の「御開帳」

出開帳に対して本寺で行う開帳が居開帳で、善光寺ではとくに「御回向《ごえこう》」と呼ばれていた。これは現在のような定期的に開催されるものとは異なり、念仏堂で唱える常念仏が二万日、三万日といったように、一定の日数に達した記念や、また出開帳が終了して善光寺に一行が戻ってきた時などに行われている。前者の例では享保一五年（一七三〇）に行われた二万日回向の達成後に、後者の例では寛保二年（一七四二）に三都開帳が無事終了したのを記念して行われたのが、それぞれ最初である。江戸時代には、幕末までにこうした御回向が一六回ほど行われている。

ところが、当時の善光寺では以上のような居開帳とは別に、参詣者のために日常的に「御開帳」と称する行事が行われていた。一例として、文化一三年（一八一六）五月に訪れた日向国延岡の修験者、野田泉光院の『日本九峰修行日記』を見ると、毎朝卯の上刻（午前五時）から始まる勤行の間に、高さ一尺くらいの金泥の阿弥陀三尊画像を掛けて、これを御開帳と呼んでいたことがわかり、本尊の善光寺如来像を開扉したわけではなかった。こうした御開帳は四月八日から七月七日までの夏場に限り、朝と昼の二回行われていたようである。

江戸での出開帳は信濃善光寺のみならず、各地の新善光寺も行っていた。斎藤月岑《げっしん》編の『武江年表』などによれば、回向院を会場とした例だけでも、甲斐善光寺が宝暦元年（一七五一）と文化一二年（一八一五）に、常陸海老島新善光寺が宝暦八年（一七五八）に、武蔵川口善光寺が明和六年（一七六九）に、佐渡善光寺が寛政七年（一七九五）に行ったという具合で、枚挙に遑がないほどである。出開帳はまた、大本願住職が常住した青山善光寺もしばしば催していた。さらに、信濃からは「元善光寺」の通称で知られていた座光如来寺（古代の寂光寺の後身）が、文化七年（一八一〇）に江戸護国寺で出開帳を行い、その後もたびたびこれを開催したため、信濃善光寺との間で軋轢が生じ争論になることもあった。

江戸期にできた新善光寺

中世に日本列島各地に流布した善光寺信仰も、それが一種の流行仏の性格が濃厚であったことからくる当然の帰結として、信濃から遠隔になればなるほど、時が経つにつれて忘却される傾向にあったが、江戸期になって行われた回国開帳は、こうした善光寺信仰を再び各地に甦らせる役割も果たした。近世になって新たに建立された新善光寺や善光寺堂などには、そうした影響によるものが少なくない。

岐阜県関市西日吉町にある宗休寺もその一つである。この寺は美濃国武儀郡関村の庄屋広瀬新太郎が、宝暦年間（一七五一—六四）に祖父母の供養のために創建した天台宗の寺院であったが、寛政一〇年（一七九八）、大勧進の等順による回国開帳の折に当寺が宿寺になったことが契機となり、上野寛永寺住職（輪王寺門跡）の公澄法親王から拝領した念持仏の善光寺如来像を、本堂（大仏殿）の隣に建立した如来堂に安置した。如来堂には信濃善光寺のそれを模して戒壇廻りの装置も備え付けたが、これは全国でも珍しい卍字型の構造になっている。これ以後、如来堂が本堂とされ、「関善光寺」の通称で知られる新善光寺の一つとして今日に至っている。

近世の回国開帳の際には、興行先の寺院（宿寺）に善光寺如来画像の刷り物を配布していたようで、それが現存しているところもある。一例として、熊本県八代市の荘厳寺には宝永元年（一七〇四）の年紀と「信州善光寺別当戒善院大僧都慶運」の僧名が記された墨書銘のある、紙本版下著色掛幅装の「善光寺式阿弥陀如来三尊画像」が伝来している。これは元禄五年（一六九二）から宝永三年（一七〇六）にかけて行われた回国開帳の際、当地で会場となった荘厳寺の住職称誉上人真阿が、大勧進住職の慶運から授与されたものであった。

また、前述した等順一行による回国開帳の際には、寛政八年（一七九六）に肥前国島原の和光院（現在の長崎県島原市萩原にあったが、明治年間に廃寺）で行われた開帳に合わせて、四年前に起きた雲仙普賢岳の大噴火で亡くなった死者の施餓鬼供養が、地元住民の協力で執行されるようなこともあった（『三国伝来善光寺如来　日本結縁廻国御開帳　寺々霊験記』）。等順は善光寺門前の大門町にあった美濃屋（俗姓坂口氏）の出身で、江戸護国院の住職を経て大勧進住職に転じた人物だが、天明三年（一七八三）七月に起こった浅間山大噴火の際にも、その直後に被害がもっとも甚大であった上野国吾妻郡鎌原村まで被災者救済に赴いたと推定されており（『天明雑変記』）、翌年七月には善光寺で死者の追善供養のために施餓鬼を行ったことで知られている（『浅間山焼荒一件』）。

このほか、各地の寺院縁起に影響を与えた例もある。たとえば、新潟県長岡市寺泊野積の西生寺は、弘智法印の即身仏が安置されることで知られる真言宗の寺で、その本尊は来迎式の阿弥陀如来立像であるにもかかわらず、同寺の縁起には「月蓋長者が如是姫のために閻浮檀金をもって鋳造した純金仏」と記されている。明らかに「善光寺縁起」のモチーフを取り込んだものである。江戸時代に越後国内を回国した出開帳は二回行われているが、とくに元禄一四年から五年間に及ぶ第二回の回国開帳の際には、最後の年の宝永三年七月二日から四日まで、近隣の真言宗照明寺で開帳されているから（『元禄宝永回国勧化記』）、おそらくはその時に影響を受けたのではないかと思われる。

弘化の大地震

善光寺および門前町がしばしば火災に見舞われたことは、これまでも述べてきたとおりだが、近世における最大の災害は、なんといっても弘化四年（一八四七）三月二四日（太陽暦で五月八日に該当）亥の刻（夜一〇時前後）に襲った「善光寺地震」であろう。長野盆地の西縁部を中心に起こった直下型地震で、その規模はマグニチュード7・4、震源地付近に当たる現在の長野市周辺域の震度は7・0と推定されている。地震の発生とともに善光寺町一帯に出た火は一昼夜半も燃え続け、善光寺では折しも御回向の最中であったこともあり、死者は善光寺領内だけでも町人・旅人合わせて二五〇〇人前後（全体では八〇〇〇～一二〇〇〇人と推計されている)、倒壊・焼失家屋は諸説あるものの二〇〇〇〇戸以上(全体では二九〇〇〇~三四〇〇〇人と推計されている)に上る大惨事となった。生き残った人々も仮小屋で雨露を凌ぎ、すぐには死者を葬るゆとりもなかったため、死臭を嗅いだ山犬が集まり、人々の恐怖はさらに募ったとの伝承も残されている。

このため、震災直後には参詣者が激減したうえに、難民の救済や堂宇の修理等で善光寺は大きな痛手を受けた。善光寺の被害状況については、金堂は内陣が破損したものの、さいわい倒壊・焼失は免れたうえに、三門や経蔵なども小破にとどまり、幕府や松代藩を始めとする諸藩の援助もあって、徐々に復興が進んでいった。焼失した仁王門も慶応元年(一八六五)には再建されるに至っている。また、震災の教訓を踏まえて、文久元年(一八六一)から防火用の新池が着工され、これ以後、善光寺町周辺には家屋内水路網の建設が進められたことも特筆すべきことである。

当時は情報化社会の幕開けの時期に当たっており、地震の情報は「読売」と呼ばれた瓦版によって江戸市中にもいち早く伝えられた。また、読売の種本であった「くどき」(口説節)が出版され、七七調の詞からなる物語的な民謡として各地に流布したことが知られる。これは「やんれ節」とも呼ばれ、「信州地震やんれ節」など、現在のところ一四篇ほどが確認されている。

また、地震を起こす張本は地下の大鯰とするような俗信も流布しており、それを懲らしめる意味で描かれた戯画の「鯰絵」も流行した。とくに八年後の安政二年（一八五五）に江戸を襲った大地震の直後には、江戸の町人らが「信州鯰」と「江戸鯰」にお仕置きしている姿を一枚に描いた、多色刷りの瓦版「江戸信州鯰押込図」（東京都千代田区教育委員会所蔵）が発行されて人気を博したが、この「信州鯰」は善光寺地震を起こした元凶として描かれたものである。

被害状況を伝える記録が比較的多く残されているのも善光寺地震の特徴である。なかでも権堂村の名主永井善左衛門（幸一）が、自ら見聞した善光寺町内外の惨状を豊富な絵入りで丹念に記した『地震後世俗語之種』（全一一冊）や、松代藩の月番家老河原綱徳が、領内各地からもたらされた被害情報を整理してまとめた『むしくら日記』（全四巻）は、その代表といえるものである。前述した被災家屋や死傷者の数を推計する手がかりとなったのも、これらの文献によるところが大きく、今日でも歴史地震の史料としてきわめて利用価値の高いものとなっている。

3　さまざまな参詣者

松尾芭蕉と良寛

この時代になると前代までとは違って、善光寺を訪れた人は有名人から無名の庶民まであらゆる階層にわたったが、最初に歴史上よく知られた文化人のうち、特徴的な旅をした人物とか、やや異色とも思われる人物を選んで取り上げる。

松尾芭蕉は元禄元年（一六八八）、門人の越智越人を伴って信濃を目指した。いわゆる『更級紀行』の旅である。同書には木曽谷での交流や姨捨山での月見を詠んだ句などとともに、「善光寺」と題した「月影や四門四宗も只一つ」という有名な句が収録されている。同書に記された日時や行程を詮索すると矛盾も少なくないことや、途中で立ち寄った場所などがほとんど記載されていないことなどから、この旅行そのものの実施を疑う向きもある。しかし、同書は短文で未完成の草稿とする説が有力であり、内容からしても旅の実体験をもとに書かれたことは疑いないところで、作品に詠まれている姨捨（長楽寺）や善光寺のような、個々の名所は実際に訪れた地とみなしてよいだろう。

ちなみに、前掲の句碑は現在三基が知られるが、もっとも古いのは苅萱道心・石堂丸親子の伝説（後述）を伝える往生寺（長野市西長野往生地）の境内に所在するものである。寛政五年（一七九三）の銘記があるから、芭蕉百年忌に因んで建立されたことがわかるが、奉納者などは不明である。裏面には、「この句は芭蕉翁が善光寺を参詣した折に作ったものであるが、今ではそのことを知る人がいない。そこで、当初は善光寺三門の脇に立てようとしたが果たせず、やむなくこの地に建てた」という意味のことが記されている。

歌人、漢詩人あるいは独特の書風を築いた書家として知られる良寛（一七五六?—一八三一）は、越後国三島郡出雲崎村（現新潟県出雲崎町）の名主、橘屋山本新左衛門（号は以南）の長子として生まれた。名主見習役に就いたものの、実務に不向きであることを悟り、たまたま越後を訪れた備中国玉島（現岡山県倉敷市）の曹洞宗円通寺の一〇世住持、大忍国仙に師事して出家得度し、師に従って同寺に入って修行したという。約二〇年間過ごしたあと、諸国を遍歴しながら故郷に帰還し、国上山麓の五合庵で晩年を過ごしたことはよく知られる。その途次に善光寺を参詣して詠んだ漢詩が、「再游善光寺」（『草堂集貫華』所収）と題する次のような七言絶句である。この詩題は近年、長野市の町起こしのキャッチフレーズとして利用され、善光寺仁王門脇には詩碑も建てられた。

曽従先師游此地　回首悠々二十年
門前流水屋後嶺　風光猶以昔日妍

良寛の実像は不明な点が少なくなく、帰郷した年次についても諸説あるが、最近の研究によって、寛政三年（一七九一）八月に円通寺を出て四国を巡歴し、紀伊・伊勢などに立ち寄りながら、中仙道・善光寺街道を経て翌年三月初旬に越後に帰国したことが有力視されている。この説に従えば、善光寺を参詣して前記の詩を詠んだのは寛政四年（一七九二）の二月下旬か、三月初旬頃ということになるだろう。

青木昆陽、伊能忠敬、その他

参詣が直接の目的ではなかったが、善光寺を訪れた異色の人物の一人として青木昆陽（文蔵）がいる。儒者・蘭学者として知られる昆陽は寺社奉行配下の時、甲斐・信濃両国の古文書調査の一環として、寛保元年（一七四一）七月に信濃国の佐久郡から北信濃一帯を回り、同月五日に善光寺を訪れた。その日は松代に宿泊したが、同一七日には戸隠寺からの帰途、権堂町に一泊している。この調査は江戸城の紅葉山文庫を充実させるのが目的とされ、原則として一〇〇年を経過した旧記を対象に、所蔵者から提出させて目録を作成し、必要とあれ

図23　北国街道丹波島宿の現在。往時は犀川の渡し場に位置し、善光寺宿の手前の宿として賑わった。

ば江戸まで借り受けて書写している。この時、善光寺は一〇〇年以前の書籍等は所持せずと断ったうえで、慶長六年（一六〇一）の徳川家康判物など三通の案文を提出している（『御領分村々指出候旧記かき物覚』）。

遊行五二代上人の一海は、宝暦九年（一七五九）上野国から信濃国に入り、松代城下を経て丹波島宿（現長野市丹波島、**図23**）の本陣（柳島瀬左衛門）に一泊し、閏七月二一日に善光寺に参詣した（『遊行日鑑』）。時衆の遊行派では中世以来、遊行上人在任中の諸国巡歴を慣例としたが、とりわけ一遍ゆかりの善光寺は、一世一代に必ず参籠すべき霊場と位置付けられていたようで、確認できるだけでも応永二三年（一四一六）に訪れた一四代上人太空（『遊行縁起』）や、天正一七年（一五八九）に訪れた三二代上人普光（『他阿上人歌集』奥書）などの例がある。近世にはその行動様式は形式化していたが、依然として権威は絶大なものがあって、行列には伝馬五〇匹と人足五〇人を使役できるという、室町幕府による優遇政策が江戸幕府によって安堵されていた。一海上人の善光寺参詣の際も、松代藩家中が、その領内通行に関わるさまざまな便宜を図っていたことが知られる。

三河国吉田の在に生まれた菅江真澄は天明四年（一七八四）六月、戸隠山などを経て越後国に抜ける途中、善光寺にも参詣した（『来目路の橋』）。真澄が旧知の僧洞月を訪ねて筑摩郡本洗馬村（現塩尻市本洗馬）に至り、その配慮で釜井庵に落ち着いたのはちょうど一年前のことである。故郷を出てから一度も帰ることなく出羽国角館で客死した真澄は、各地の風俗に関する膨大な記録とスケッチを残しており、大旅行家とか民俗学の元祖といった評価もあるが、もともと県居学派の学統を引く国学者で、旅の目的は式内社の現状調査にあった。信濃滞在中は精力的に各地の神社を訪ねているが、その一方で寺に泊めてもらったり、住職らと交流することも多かった。善光寺でも、境内では時間をかけて隅から隅まで拝んで廻り、参詣者から聞き取った内容を詳細に書きとめるなど、彼の知識欲はここでも遺憾なく発揮されている。

その二年後の天明六年（一七八六）三月には、北信濃に檀那場のあった伊勢内宮の権禰宜（御師）で、本居宣長を師と仰ぐ国学者の荒木田久老が善光寺宿に到着した。久老の門下で権堂村名主を勤めていた永井幸直らに迎えられて、東之門町の宿屋に入り、以後四か月余、ここを拠点に檀家を廻り、配札とともに古典の講義を行ったりして過ごしている（『五十槻園旅日記』）。久老は真澄と同様に、当地方の式内社顕彰運動に影響を与えた人物だが、やはり善光寺にも参詣し、当時の大勧進住職の等順や大本願住職の智観にも面会している。国学者というと仏教を排撃し、寺院や僧侶を嫌っていたのではないかというイメージを抱きがちであるが、以上の二人については、事実は必ずしもそうではなかったことを示す好例であろう。

伊能忠敬は「大日本沿海輿地図」作成のため信濃国内を四回訪れたが、善光寺周辺で測量したのはそのうち二回である。享和二年（一八〇二）の第三次測量の折は、越後国高田から北国街道を経て信濃に入り、一〇月八日に善光寺宿に到着、藤屋平左衛門に宿泊して、翌朝善光寺を参詣した。このあと測量隊は屋代宿へ向かったが、雨のため犀川・千曲川とも大水で、川留を余儀なくされている。文化一一年（一八一四）の第八次測量の際には、飛驒高山から野麦峠を越えて信濃に入り、善光寺街道を北上して四月二九日に善光寺宿に至った。この日は藤屋平五郎に止宿し、翌日は善光寺本堂の制札前から測量を開始し、北国街道に沿った村々を廻っている（『伊能忠敬測量日記』）。

庶民の参詣と宿泊施設

武士階級に属した文化人に対して、庶民層の善光寺参詣が盛んになったのは一八世紀の後半、とくに天明年間以降である。当時は農業生産力の飛躍的な向上や商業・流通の発達によって、地方でも豪農・豪商が成長し、折から空前の旅行ブームを巻き起こした時期であり、善光寺は伊勢神宮や西国三十三所と並ぶ、物見遊山の対象となる全国有数の神社仏閣の一つとなっていた。ただ、一般農民が誰でも自由に旅に出ることができたわけではなく、各地の農村では善光寺講を結成して、講員が旅費を積み立てて、毎年代表者が参詣して護符を受けてくる、いわゆる代参講による参詣が普通であった。この場合、季節的に春と秋が多く、数人のグループで訪れることが多かったようである。また、善光寺如来が「女性救済」の仏であることは広く知られるようになっていたから、中世にもまして女性が多かったことも特徴である。一例として、宿の一つ、正信坊の幕末の宿帳によれば、女性客が宿泊者全体のほぼ半数を占めていたとの分析結果も報告されている。

こうした参詣者の宿泊施設としては、山内の院坊四六か所のほか、大門町に旅籠屋が約三〇軒、東之門町に木賃宿が約二五軒あった。善光寺の院坊が宿坊の経営を生業としていたのは、それらが禅宗寺院の塔頭などとは異なり、中世の聖や御師の住房を前身とするものが多かったことによる。したがって、この時代にも境内の外に出て客引きを行うことがあったから、門前町の旅籠と競合するのは当然で、享保一一年(一七二六)には大門町の訴えにより、三寺中の客引き行為が禁止されている。一方、三寺中の院坊の間でも参詣客の取り合いが恒常的に見られたため、明和年間(一七六四―七二)には、全国の参詣者を出身地別に院坊ごとに割り振る「郡割り」が実施され、院坊ごとの持郡(檀那場)が確定している。郡割表は大勧進の境内の万善堂に掲げられ、割当ての院坊を知らないで来た参詣者にも自分の宿所がわかる仕組みになっていた。

この制度に基づいて宿泊した具体的な例を挙げれば、文政四年(一八二一)に加賀の豪商銭屋五兵衛が同国石川郡を持郡とした正信坊に宿泊しており(『東巡紀行』)、また後述する近江八幡の円月祐清尼も近江国蒲生郡を持郡とした光明院に宿泊しているから、当時はかなり厳格に守られていたようである。持郡制度は明治一六年(一八八三)に改正されて「国中郡割宿坊付」が新たに作成され、さらに明治四三年(一九一〇)には『一山所轄市郡新旧対照便覧』が発行されており、この宿坊の経営方法は今日に至るまで基本的には継承されている。

道中記から見た善光寺参詣

江戸時代後半には多くの無名の庶民が善光寺を訪れたが、それらの参詣者の中には道中記を残した者も少なくなく、旅の様子や善光寺での参籠の仕方をうかがう好個の史料となっている。ここでは近江商人を代表する近江八幡の豪商、扇屋森五郎兵衛家の六代目当主森正富の後家、円月祐清尼の残した道中記『善光寺道之日記』から、そうした様子を見ておこう。

祐清尼が、姉妹や同業者とその使用人を含めた男三人、女三人の都合六人で故郷を出立したのは安政四年（一八五七）四月二三日で、中山道・伊那街道・善光寺街道を経由して善光寺を参詣し、帰途は伊那街道飯田宿から姫街道・東海道を経由をして五月二六日に帰着するという、一か月余りの旅であった。当時、祐清尼は数えで六七歳という高齢であったことから、同行者に助けられながら善光寺参詣を遂げたかのような理解もあったが、道中記をよく読むと、自らは店の手代を供に連れることなく、また駕籠に乗った形跡もなく、むしろ足を痛めた妹の面倒を終始看るなど、道中では先導役を勤めていたような印象を受ける。それもそのはずで、彼女は嘉永三年（一八五〇）には友人の女性と連れ立って、奈良から吉野金峰山寺に至り、葛城山を越えて河内へ至る古寺巡拝の修行をするなど、かなり豊富な旅の経験を有する女性であった。

庶民の道中記は概して行程、旅館名や宿賃、あるいは道中に賞玩した名物等を記した類型的なものが多いなかで、祐清尼の『善光寺道之日記』には全編簡潔な叙述ながら、きわめて知識欲が旺盛で、とりわけ石灯籠などの石造物に造詣が深かったことを示す記述が頻出し、筆者が相当の教養の持ち主であったことがうかがわれる。その一方で、各地にあった女人道を抜ける「関所抜け」の手順や、この年多かった自然災害による被害状況と、その復旧の経過を知ることのできる記述があるなど、興味が尽きない内容を有している。肝心の善光寺参詣については、次のような点を知ることができる。

一行が善光寺に到着したのは五月八日の八つ半、すなわち午後三時頃であった。ただちに郡割りに従って宿坊の光明院に入って休息をとったあと、本堂に案内され、まずは皆で「戒壇めぐり」を滞りなく終え、内陣をゆっくり参拝したとある。当時は本尊の厨子のある瑠璃壇（戒壇）と三卿像が安置された間を取り囲む廊下があり、これを巡ることが文字どおり「戒壇巡り」で、寛正六年（一四六五）に参詣した堯恵もすでに体験している（『善光寺紀行』）。それに対して、現在もある床下の暗闇の廊下は、江戸時代の本堂再建の際にできたと推測されるもので、こちらは「成道廻り」とか「六道巡り」とも呼ばれており、当初は両者が区別されていたが、いつの間にか呼び名が混同されたうえに、前者は近代になると行われなくなった。祐清尼らが訪れた時はどちらも体験できたはずだが、床下の廊下を巡った様子はない。このあと、いったん宿に戻って夕食と入浴を済ませ、再び本堂に出かけて通夜しているが、布団は寺側でたくさん貸してくれたので助かったと記している。このように、江戸時代には宿坊に泊まりながら、本堂内でも自由に夜を過ごすことができたのである。

翌朝には明六つ、すなわち午前六時に大勢の寺僧が出座して勤行が始まるなかで「御開帳」が行われた。この勤行は現在の「お朝事」に当たる行事である。その後、別室で「御血脈」を受けているが、古典落語の題材ともなっていたほど（243頁参照）、希望者が引きも切らぬほどの人気の的であった。朝食は宿坊に戻って摂ったが、日中はまた「御開帳」に出かけている。前述したように、以上の「御開帳」は御回向とは別に、毎朝参詣者のために善光寺如来の画像を掲げて行われたものである。祐清尼が訪れた五月は、朝昼二回これが行われていた時期に当たり、彼女は二回とも参拝しているのだが、ここには信心深さというより、彼女特有の好奇心がうかがえるようである。

犬の善光寺参り

天保一一年（一八四〇）上野国草津の犬が善光寺参詣をしたと、松代藩の家老職を勤めた鎌原桐山の『朝陽館漫筆』にある。一見、信じがたいような奇異の話に思えるが、庶民の物見遊山が盛んになった江戸時代後期には、各地の霊場で同じような逸話が多く残されている。もっとも有名なのは伊勢神宮に参詣した、いわゆる「犬のお伊勢参り」である。首に所書きを記した木札をぶら下げ、首には銭を通した紐を巻いた、代参犬としての「参宮犬」は、その独特のスタイルが当時の人々の注目を浴び、滝沢馬琴や斎藤月岑など多くの知識人によって見聞記が残されており、十返舎一九の『翁丸物語』のようにこれを題材とした小説も現れている。同様の例は讃岐の金刀比羅宮でもあった。安政二年（一八五五）のことで、信濃国佐久郡の小林平右衛門方の飼い犬が金刀比羅宮と伊勢神宮を参詣して、両社のお札を持って「帰宅」したという。いわゆる「こんぴら狗」として有名になった逸話である。

余談だが、長谷川町子の漫画「サザエさん」には「お使い犬」がしばしばネタに登場しているが、昭和三〇年代まではこうした犬が実際におり、筆者も目にした遠い記憶がある。したがって、「犬の善光寺参り」もけっしてありえない話ではないが、善光寺の僧侶らがどのような対応をしたのか、無事に故郷に帰着できたのかといった点が不明で、気にかかるところである。なお、『善光寺道名所図会』などによると、江戸時代には素行の悪い人が善光寺に来ると、戒壇巡りの時に犬になるという言い伝えが広まっていたとあり、実際これに関わる伝説も各地に残されているが、この伝説と「犬の善光寺参り」との因果関係は不明である。

さまざまな興行の場として

善光寺は江戸時代後期に庶民の物見遊山がブームになるなかで、伊勢神宮や西国三十三所札所などとともに、遠隔地から参詣者が訪れる全国有数の神社仏閣の一つとなっていたが、その一方で、境内周辺では種々の興行が催され、地元住民にとっても一種の文化センターのような役割も果たすような存在になっていた。文政七年（一八二四）に、地元の吉田村（現長野市吉田）出身の俳人茂呂何丸《もろなにまる》（号は月院社）が、京都の二条家から「俳諧大宗匠」の免許とその装束を拝領した時に、披露を兼ねて善光寺の毘沙門堂で句会を催したのは、そうした一例である。この時に奉納された句額が善光寺に現存しており、それには「只涼し水も昇らず月も来ず」とある。

また、善光寺の仁王門から三門に続く参道沿いには仲見世の小屋が連なっていたが、当時は小屋と院坊との間は火災に備えて空き地になっており、明治七年（一八七四）に元善町の町名となるまで「堂庭《どうにわ》」と呼ばれていた。当時の絵図を見ると、御回向の際には見世物小屋や芝居小屋が並び、さまざまな催し物で賑わっていたことがうかがわれる。なかでも、文政九年（一八二六）五月に来た牡牝二匹の駱駝《らくだ》は近隣の人々の間で評判となり、多くの見物人が押し掛けた（『青木藤五郎子遂日記』）。この駱駝は『武江年表』によると、ペルシャ産の一瘤駱駝のつがいで、文政五年（一八二二）に長崎に着いてから、その年のうちに江戸の西両国広小路で見世物に出されていたとあり、以後、各地を巡って四年後に善光寺に至ったようである。

そうしたなかで、堂庭での最大の呼び物は信濃国出身の力士、雷電為右衛門一座による相撲の興行であった。雷電（一七六七—一八二五）は小県郡大石村（現東御市滋野）の関家の生まれで、江戸相撲の年寄浦風に入門、ついで大関谷風のもとで修業した。天明八年（一七八八）、二二歳の時に出雲国の松江藩（藩主松平治郷〈不昧〉）お抱え力士となって雷電の四股名を免許され、翌年の江戸本場所で初土俵を踏んでから各地で興行した。生涯の勝率は九割六分を誇る怪力の持ち主であったが、少年期に寺子屋に通っただけあって読み書き能力にも優れ、通称「雷電日記」と呼ばれる『諸国相撲控帳』（二冊）、『萬御用覚帳』（一冊）を残している。

これらの記録によれば、善光寺での興行は現役としては寛政一二年（一八〇〇）〈五日間〉、文化二年（一八〇五）〈六日間〉の二回行われている。文化八年（一八一一）には引退して松江藩相撲頭取に任命されたが、その後も一座を率いて各地で興行し、善光寺では翌文化九年（一八一二）に七日間の日程で実施されている。いずれも大入りの繁盛で、三回の収益はそれぞれ三五両、一五両、六一両であったと記録されている。

4　江戸の文化と善光寺信仰

縁起と案内書の出版

出開帳の盛況は、縁起を始めとする善光寺に関する出版物の爆発的増加をもたらすことにもつながったが、その最初は寛文八年（一六六八）に、室町時代に大成された真名本の四巻本「善光寺縁起」が出版されたことである。いわゆる寛文縁起がこれで、その背景には木版印刷の技術の急速な進歩があった。鈴木太兵衛版と西尾五兵衛版の二種類が知られているが、いずれも京都の書肆である。真名本の縁起としては、元禄年間（一六八八―一七〇四）に大勧進住職の本孝によって、五巻からなる新たな縁起が執筆され、これも出版されている。また、天明五年（一七八五）には、善光寺野村坊の住職慈運が前書に注釈を施した『善光寺縁起集注』（六巻）を完成させたが、こうした注釈書が現れたのもこの時代の特徴であった。

その後、しだいに返り点・送り仮名の付いたものや、絵入りで親しみやすい仮名本の縁起も出版されるようになる。元禄五年（一六九二）に出版された葉山之隠士（坂内直頼）著の

『三国伝来善光寺如来縁起』(五巻)を皮切りに、安永二年(一七七三)には粟津義圭著『善光寺如来東漸録』(五巻三冊)、安政五年(一八五八)には杜多卍空《もりたまんくう》著『善光寺如来絵詞伝』(六巻付録一巻)と相次いで版行されたが、近世に広く普及した縁起は、いずれも絵入りで和文体を特徴としたものであった。このほか、参詣者に頒布された一枚刷りの略縁起も大量に発行されるようになっている。

巡拝用の冊子も出回っていた。一例として、伊勢国多気郡斎宮村(現三重県明和町)の浄土宗観音寺の住職、到誉信阿が元文三年(一七三八)に善光寺で参籠した際の夢告によって執筆したという、『善光寺四十八願所巡礼記』がある。これは京都嵯峨野の清凉寺から信濃善光寺までの四八か所の霊場を選び、巡拝した先々で詠んだ歌を額に書いて奉納しながら旅を続け、満願成就した元文五年(一七四〇)にそれらの詠歌に簡潔な案内文を添えて出版したものである。

旅行者向けの案内書としては、豊田利忠編の『善光寺道名所図会』(五巻)が圧巻である。彼は尾張藩の付家老であった竹腰氏(美濃国今尾城主)の家臣で、江戸と国許を往復する道中での見聞をもとに、中仙道本洗馬宿から善光寺宿に至る、いわゆる善光寺街道(北国脇往還)の道筋に沿った名所・旧跡・伝承などを、実写の挿絵を交えて紹介しているが、とりわけ善光寺の由来や寺中の様子については詳細を極めている。本書は天保一四年（一八四三）に完成し、嘉永二年（一八四九）に名古屋の書肆美濃屋伊六によって出版された。

芸能や文芸の題材として

善光寺如来や善光寺信仰を題材にした文芸作品や演劇の上演も江戸時代後半から増加する。これも信濃善光寺の諸国回国開帳や三都での出開帳の影響による場合が多かった。浄瑠璃では寛文二年（一六六二）に出版された、角太夫節《かくだゆうぶし》の創始者山本角太夫（官途は相模掾《さがみのじょう》、のち土佐掾）の『月界長者』が早い例である。善光寺如来の縁起と霊験を宣伝するために作られたものだが、延宝六年（一六七八）に出版された同じ作者による『善光寺』は、「善光寺縁起」のモチーフである月蓋長者譚や皇極天皇堕地獄譚を取り入れて、近世的な家督相続劇に翻案した作品である。それらを踏襲して大成されたのが『善光寺御堂供養』で、これは近松門左衛門の添削によるものが享保三年（一七一八）に大坂の竹本座で初演され、大当たりを取った。義太夫節では宝暦三年（一七五三）に大坂の三桝座で初演された、為永太郎兵衛作の『本田善光日本鑑《ほんだのぜんこうにほんかがみ》』がある。

一方、歌舞伎では元禄七年（一六九四）に、大坂の岩井半四郎座で『善光寺開帳』が初演されている。この年の九月から一一月にかけて四天王寺で善光寺の出開帳があり、これに合わせて企画された興行で、やはり大入りであったようである。また、回向院で出開帳が行われた安永七年（一七七八）には、河竹新七らの作になる『本田弥生女夫順礼《ほんだやよいめおとのじゅんれい》』が、江戸の市村座で上演されている（『歌舞伎年表』）。

文芸作品では、江戸神田の戯作者岡山鳥《おかさんちょう》（島岡権六）の滑稽本『ぬしにひかれて善光寺参詣』があり、文政四年（一八二一）に刊行された。前年の夏に回向院で行われた出開帳で善光寺如来像を参拝したことが、直接の執筆のきっかけとなったものだが、序文によれば実際に信濃善光寺にも参詣したことがあり、そのときの体験をもとにしたのか、方言なども巧みに会話に取り入れている。題名にある角書の「ぬしにひかれて」は、当時すでに人口に膾炙していた俚諺「牛に引かれて善光寺参り」をもじったものである。また、これには挿絵を歌川国貞門下の貞房が描いているように、浮世絵作家も動員されるほどの題材になっていたが、当時は諸社寺の出開帳はしだいに不振になりつつあった時期で、善光寺の出開帳もこの時は欠損が出る始末であった。回向院での出開帳がもっとも盛況であったのは前回の安永七年（一七七八）の際で、大田南畝の随筆『半日閑話』には、この時の参詣者が前代未聞の多さであった様子が詳しく描かれている。

仮名書きで絵入りの黄表紙（黄色い表紙の草双紙）は江戸の庶民向けの読み物として好評

を博したが、これにも善光寺を題材としたものが登場した。滝沢馬琴著、北尾重政画の『信濃賓客　浅草主人　俟待開帳話《まちにまつたりかいちょうばなし》』（『開帳地口提灯《じぐちちょうちん》』とも）はその代表作で、享和三年（一八〇三）に刊行された。この年に浅草伝法院で開催された出開帳を当て込んで書かれた作品で、そのことが題名にも表れている。現在でも多く見られる際物的な出版は、このように近世にはすでに登場していたのである。

落語の「お血脈」

このほか、古典落語の「お血脈」が善光寺信仰を題材としたものとして知られている。閻魔大王が近頃地獄に堕ちる亡者が少ないので調べさせたところ、善光寺の御印文が流行していることが原因であることが判明したため、石川五右衛門に命じて善光寺に忍び入ってこれを盗ませた。ところが、五右衛門はうっかり額にこれを押し当てたため、極楽に行ってしまったという笑い咄である。作者などはもとより不明だが、四巻本『善光寺縁起』に『日本往生伝』（逸文）から引かれた大和国の三輪時丸の伝説は、「如来の印文」を授けられた者は閻魔大王でも地獄に堕とすことはないとする逸話がモチーフとなっており、おそらくこうした話をネタにしてできたものであろう。その時期は、洒落本・黄表紙・川柳・狂歌などがもてはやされ、江戸における「笑いの文学」の全盛期とされる一八世紀中頃以降と思われる。

「血脈」とは本来は釈迦から個々の僧侶に至るまでの法系のことだが、近世には各地の霊場で参詣者に頒布され、しだいに護符の意味に転じた。善光寺の「御血脈頂戴」も、そうした御札を授与する儀式だが、その後の基本となったのは、天明二年（一七八二）に大勧進住職に就任した等順によって始められたもので、譜面には「融通念仏御血脈譜」の文字と釈迦牟尼および阿弥陀如来から現在の住職までの系譜が印刷されていた。これは大勧進で毎日授与されており、『善光寺道名所図会』によると、参詣者は前夜に旅宿を通じて申し込み、翌朝の御開帳の帰りに立ち寄って、これを受け取ることになっていたことがわかる。同様のものは大本願でも頒布され、こちらは「御名号」と呼ばれていた。

一方、「御印文頂戴」は善光寺の宝印を額に押し当ててもらう儀式で、現在も金堂で正月七日から一五日までの期間と、御開帳中に行われている行事だが、江戸時代には出開帳の際の呼び物の一つでもあった。「御血脈頂戴」と「御印文頂戴」はともに参詣者の極楽往生を保証する儀礼であると同時に、善光寺の重要な収入源となっていたものだが、本来は別個の行事である。落語の「お血脈」で題材になっているのは後者の「御印文頂戴」であり、これは両者が混同された結果であろう。等順以前に、妻戸時衆によって発行されていた血脈譜には「印文」と記されており、これを授与されることが「御判頂戴」とも呼ばれていたことが、その背景にあるようである。

5　善光寺史の研究

善光寺史研究の萌芽

善光寺の歴史に関する客観的な研究の萌芽が見られたのも、政権が安定して泰平の世が続いた近世の特徴であったといえよう。その最初の機運が盛り上がったのは元禄五年（一六九二）であった。すなわち、寛永一九年（一六四二）に焼失してから仮堂のままになっていた本堂の再建が、この年に寺社奉行によって許可され、新本堂造営事業（工事の着手は元禄一〇年）が開始されるに当たり、過去の再建に関わる歴史的経緯を顧みようとする風潮が、関係者の間で高まったことが契機であった。

こうした背景のもとでできたものに、『元禄前之善光寺』と『善光寺重興無量寿殿霊応記』がある。前者は小宮山胤頼が元禄五年にまとめたものだが、小宮山家は胤頼の祖父と叔父の代まで大本願の代官を勤めていた家柄で、本書の内容は自らの著述というより、祖父が書き残した覚書や帳簿類などを収載したものである。なかでも注目されるのは、当時の絵図が二面掲げられていることで、これによって江戸時代前期の善光寺境内の建物配置や、その周辺の町並の様子が判明する。書名はこの点から付けられた仮題だが、奥書には『善光寺総目録』と見えるので、正しくはこちらを採るべきかもしれない。

後者は大勧進の配下にあった衆徒の正寿なる僧によって書かれたもので、元禄八年(一六九五)に京都の書肆から刊行されている。本書の執筆動機は「無量寿殿の重興」、すなわち「如来堂(本堂)の再建」を意味する書名に明確に示されている。内容は欽明天皇一三年に阿弥陀如来三尊像が伝来したという縁起の記事から書き起こし、中世における如来堂の火災とおのおのの再建の経緯について、年次を追って記述したものである。本書全体は先行文献に依拠しつつも、自らの考証に基づく見解も述べられている。

善光寺への懐疑的論調

中世にも日蓮やその門徒たちが善光寺に批判的な言動をしていたことはすでに述べたが、勧進活動としての三都開帳や諸国回国開帳によって「善光寺縁起」の内容が一般に流布すると、知識人や好事家たちによって『日本書紀』所載の仏教伝来記事との食い違いが取り沙汰されるに至り、「善光寺縁起」の内容を疑問視する言説はさらに多くなる。その結果、一八世紀に入ると善光寺如来は釈迦如来なのか阿弥陀如来なのかについての論争が湧き起こり、それに関わる著作が多数現われ始めた。こうした風潮も、歴史的な事物を客観的に見つめ直そうとする、ある意味で近代的思惟の萌芽と見なすべきものである。

例えば、元文五年（一七四〇）に書かれた篠崎維章の随筆『東海談』には、「本田善光といふ人は、開闢以来いまだ出生せざる人なるが、何物《ママ》の狡児が寓言せしや、善光寺に因みてよしみつを設け、よしみつの名に因りて善光寺を設くる、浮屠氏の世を欺く、毎々然る事多し……、時代の人の名の付け様をしらず、此の時代にかかる名はつかざりし……」と手厳しく批判し、「本田善光」のような名前の付け方は古代にはありえないことを喝破している。また、天明四年（一七八四）の自序のある武陽山人の『駿江雑説弁』は、「信州善光寺如来は、阿弥陀仏也と云ひ伝ふ、全くさにあらず、人皇三十代欽明天皇の朝、百済国より是れを奉る、其の時の貢伏般若梵行印の荒金の仏像、其の丈悉多羅樹と有り、般若梵印は、釈迦なるよし、密僧の物語也」と指弾して、善光寺如来は印相の特徴から釈迦如来像であることを主張し、加えて、秘仏と号して本尊を諸人に見せないのは、川中島の合戦の際に上杉謙信に奪われて、善光寺には存在しないためではないかといった憶測も披瀝している。

こうした風潮に対し、善光寺の立場を擁護しようとする主張もあった。尾張国の真言宗の巨刹、八事山興正寺（現名古屋市昭和区八事本町）の住職で学僧として名をなした諦念妙龍が、安永六年（一七七七）に執筆した『善光寺如来異説決正』はその代表的なものであろう。同書は冒頭に「夫信州善光寺如来ニ就テハ古来異説多端ナリ今先諸ノ異説ヲ挙次ニ之ヲ決正セン」とあるように、善光寺如来はじつは釈迦如来ではないかとする、以前からあった論争に決着をつける意図で書かれたものだが、論争の経過や諸説には触れず、異説の発端となった日蓮の言説を批判し、経論を引証しながら、もともと釈迦と阿弥陀は一体無二の存在であることを導き出し、生半可な知識で軽々しく一方的に論じるべきではないと戒めている。

本書が書かれた安永六年は、諸堂修理を名目にした出開帳の願い出が寺社奉行から許可された年で、翌年六月からは江戸両国の回向院を皮切りに、天明二年（一七八二）まで続けられた三度目（出開帳としては四度目）の諸国回国開帳の端緒となったため、この前後の時期には、前に挙げたように粟津義圭の『善光寺如来東漸録』や大我の『善光寺如来縁起』などが相次いで出版され、巷間では善光寺如来をめぐる異論が喧しくなっていた。平賀源内が『菩提樹之弁』で出開帳の金集め手段を厳しく批判したのもこの時である。『善光寺如来異説決正』は結論的には「善光寺縁起」の主張を弁護したものだが、自身は真言僧でありながら、必ずしも特定の教団への批判を目的にはしておらず、浄土宗や禅宗に関する著作にも幅広く当たり、客観的な立場から判断を下したものである。

国学者による善光寺史研究

やがて、善光寺史をめぐる諸問題は、実証的な学問である考証学や国学の対象としても取り上げられることが多くなった。塙保己一門下で幕府の奥右筆《おくゆうひつ》を勤めた屋代弘賢（号は輪池）の『善光寺本尊考』はその一つで、本書の執筆動機については次のように書かれている。享和三年（一八〇三）に江戸浅草寺で善光寺如来の出開帳が行われた際に、大田南畝（蜀山人）が善光寺および善光寺如来についての見解をまとめ、『成事不説』と題して弘賢に示し、異論があったら書き加えよといってきた。そこで熟読したところ、その引用文献の博捜ぶりには驚嘆したものの、あらためて考察してみると、大田南畝とは大いに異なる結論に達したので、それを披瀝して批正を請うために執筆したというのである。

その内容は「仏体ヲ鋳タル材ノコト」「印相ノ事」「百済ヨリ渡リシ年紀ノ事」「信濃国ニ送奉ル人ノ事」「信濃ニ移セシ年紀ノ事」「善光寺地名ノ事」「善光寺四号ノ事」「六部ノ縁起ノ事」の九項目からなっている。『成事不説』の方は現存していないようなので、両者の見解の相違がわからないのは残念だが、これまでも議論になっていた善光寺如来の来歴をめぐる諸問題を、感情論に走らず、文献を渉猟して客観的に考証しながら反論を加えている。大田南畝は今日では狂歌師・戯作者といった面のみが注目されるが、その学は和漢に通じた博覧強記の俊才であったようである。二人は幕臣同士ということもあり、常日頃から互いに質問し合ったり、知識を交換し合ったりして、研鑽を深める仲であった。本書もそうした両者の学問的交流の成果の一端といいうるものである。

このほか国学者の著作としては、三河国岡崎近在の神職家の出とみられる竹尾寛斎が、文政七年（一八二四）に執筆した『善光寺如来久遠考』（草稿本が岩瀬文庫所蔵。抄写本が神習文庫所蔵）がある。今日伝わらない書目を含む多数の先行文献から博引旁証して、善光寺信仰に関わる諸問題を一八章にわたって論じている。とりわけ興味深いのは、当時あった全国の善光寺三五か寺を列挙している点である。善光寺信仰の流布を、新善光寺の存在に着目して考察しようとした先駆けとして注目されよう。

善光寺のお膝元では、幕末に大勧進の寺侍を勤めた岩下貞融（号は桃園。一八〇一―六七）がいる。国学者として多数の著述を残しているが、善光寺に関しては、安政三年（一八五六）に大勧進に献上された『善光寺史略』『善光寺別当伝略』『芋井三宝記』の三部作が知られる。自身の立場上、大勧進中心の叙述に偏し、とくに別当を古くから大勧進が勤めてきたかのように記述している点に批判もあるが、善光寺の通史の執筆を試みた早い例としての意義はあろう。

6　さまざまな伝説・伝承

源頼朝の参詣に関わる伝説

善光寺信仰が民衆に幅広く受け入れられると、それをめぐるさまざまな伝説が生まれた。あるいは逆に、そうした伝説が流布することによって、新たな人々を善光寺参詣に引きつけることにもなった。こうした点も世の中が安定した江戸時代の特徴の一つだが、史実と伝説とは峻別すべきであることはいうまでもない。

善光寺の境内やその周辺に残る源頼朝に関わる伝承遺跡として代表的なものは、三門の手前の参道を横切る小川にかかる「駒返り橋」で、建久八年（一一九七）に善光寺を参詣した際に、頼朝の乗った馬の蹄が穴に挟まったために、駒を返したことがその語源であるとされている。西後町の紫雲山十念寺には、頼朝が参詣の際に紫雲に乗った阿弥陀如来が現れたので「南無阿弥陀仏」を「十念（十遍）」唱えたとか、あるいは「十念称名」を授かった寺といった伝承があり、院号も「頼朝院」と称している。さらに、かつての参詣路であった旧北国街道に面した長野市中御所の明助山観音寺には、頼朝の守護仏として髻《もとどり》に納めていた馬頭観音像（髻観音像）を、夢告により安置するために創建した、といった伝説が残されている。以上の伝説は『善光寺道名所図会』などの地誌にも紹介されており、江戸時代の後半には広く知れ渡っていた。

頼朝が実際に善光寺を参詣した可能性の高いことはすでに述べたところだが、この事実がそのまま鎌倉時代の間に伝承として定着し、延々と今日まで語り継がれてきたとみることはできない。一般論として、現在残されている伝説や伝承の類で鎌倉時代まで遡りうるものはほとんどないといってても過言ではなく、多くは近世に入り、地方在住の主として国学の素養を持った知識人らによって、「過去の事実」が再発見されたことを契機に、新たな伝承として流布したものと考えられる。

頼朝伝承の場合、その成立した背景には二つの点が指摘できる。一つは近世に入ると古典が木版印刷によって出版されたことで、とりわけ頼朝の善光寺参詣を示唆する記事のある『吾妻鏡』の刊行の影響は大きかった。実際に参詣した建久八年（一一九七）とその前後の三年間の記事は、近世の『吾妻鏡』の写本にも存在していなかったとみられるが、同年の頼朝の参詣記事を載せた年代記はいくつか編纂されている。貞享四年（一六八七）刊の『新編和漢歴代帝王備考』はその代表的なものだが、さらには、この参詣記事を条文として掲げた偽撰の『吾妻鏡』も出現したようで、佐久郡岩村田宿の豪商で、信濃を代表する地方文人でもあった吉沢好謙が著した『信陽雑誌』（延享元年〈一七四四〉成立）には、それに依拠したと思われる一連の記事がある。

なお、頼朝の善光寺参詣にあやかった伝承は当時、堂塔再建の際の勧進活動にも利用されることが多く、水内郡椿峰村（現上水内郡小川村）の高山寺三重塔や小県郡国分寺村（現上田市国分）の信濃国分寺本堂の再建時の勧進帳などに、そうした記述を見ることができる。

もう一つの背景は、中世のところでも触れた、六十六部の廻国聖たちの間で伝承されていた「頼朝坊」伝説の影響である。これは源頼朝が征夷大将軍として幕府を開くことのできたのは、彼が前世に頼朝坊という六十六部聖で、『法華経』を書写した功徳によるものだという、一種の転生譚に由来する伝説である。六十六部とは全国六六か国におのおの一か所の霊場を選び、自ら写経した『法華経』を奉納して歩く修行の一形態で、鎌倉時代に起源が遡るが、善光寺は当初から信濃国の札所とされていた。善光寺の東方にあたる長野市茂菅の静松寺は、頼朝坊が死去したところとする伝承があり（『信州水内郡茂菅村静松寺笈堂略縁起』）、同寺には彼が使用したとされる箱笈などが所蔵されているが、これなどは善光寺には中世以来、六十六部の系譜を引く諸国遍歴の聖たちが多く訪れていたことをうかがわせるものである。善光寺周辺に残る頼朝伝説が定着した背景には、頼朝坊伝説を説きながら往来した、こうした無名の聖たちの存在も関わっていたことが想定されよう。

「牛に引かれて善光寺参り」

「思いがけないことがきっかけとなったり、他人からの誘いで偶然にその道に導かれることになる」といった意味で、今日も使われることのある俚諺（ことわざ）にもなったのが、この伝説である。典拠は九世紀頃に中国で成立した仏教説話集の『三宝感応要略録』であることが知られており、その骨子は以下のようである。

中国の預州（安徽省または河南省）というところに一人の老婆がいた。「神母」と呼ばれるだけあって仏教を嫌悪すること甚だしく、ある時、自分の衣の帯を掛けた牛が走り出して寺の中に逃げ込んだ時には、目を塞いで後ろ向きに境内に入り、また寺内ではちょうど大般若会の最中であったため、逃げ出して水で耳を洗い清めるほどであった。ところが、老婆は死去したあと、娘の夢に現れて次のように言った。自分は悪行ばかりしてきたにもかかわらず、閻魔大王の審判では、『大般若経』を聞いた功徳により悪報を受けることなく、人間界に戻ることもできるが、すでに業も尽きたので忉利天《とうりてん》（帝釈天のいる天上世界）に生まれ変わろうと思う、と。

この説話には老女と牛が登場しているものの、あくまでも『大般若経』の功徳を強調するのが主旨で、具体的な寺の名も記されていない。日本ではこの説話が一二世紀前半に成立した『今昔物語集』震旦の部に、ほぼ同文で収録された。その後、一五世紀前半に成立した『三国伝記』にも再録されたが、この際に『大般若経』の功徳譚を示す題名（「神母聞般若生天語」）から、老婆が牛に牽かれて仏寺に到ったことを強調した題名（「神母被牛牽到仏寺事」）に変えられている。おそらく説話の内容よりも、この題名の方がヒントになって、しだいに話の舞台を善光寺に置き換えた伝説や、さらには「牛に引かれて善光寺参り」という俚諺が生まれたと考えられている。

伝説を載せたものでは、元禄二年（一六八九）に刊行された梅塢散人《ばいうさんじん》の教訓書『婦人養草』が初見とされ、ここには老婆が布を掛けた牛を追い掛けようとする図柄の挿絵が添えられている。俚諺では明暦二年（一六五六）に刊行された鬼藤皆虚の俳諧用語集『世話焼草』（『世話尽』とも）や、寛文一二年（一六七二）に刊行された恵空の随筆『梨窓随筆』に見えるのが早い例である。

一方、絵画資料では大阪府藤井寺市の小山善光寺に所蔵される「善光寺参詣曼荼羅」に、牛を追う老女の姿が描かれているのが、今のところ最古の例のようである。本図は慶長年間

（一五九六—一六一五）の作成とされているから、一六世紀末頃には先の説話を善光寺と結び付けた伝説ができていたとみてよいだろう。この図では牛の角に布は掛けられていないが、もともと『三国伝記』所載の説話までは「帯」となっており、白布が不可欠の要素となるのは「布引き」伝説として発展していく過程でのことであった。

「牛に引かれて善光寺参り」の俚諺が定着するのは、正徳五年（一七一五）に刊行された井沢蟠龍の俚諺辞書『本朝俚諺』に掲載されたことが大きいが、大田南畝の随筆『半日閑話』には、安永七年（一七七八）の回向院での出開帳の様子が描かれており、その中にこの戯言を使って商売する者がいたとあるから、この頃には江戸市中の人々の口の端に上るほどになっていたことがうかがわれる。この伝説は当時、一枚刷りの浮世絵版画の題材にもなっていたことが知られており、大田南畝が目にしたのはそれを販売する屋台ではなかったかと推測される。善光寺信仰に因む伝説や俚諺が流布した背景には、こうした浮世絵の普及という事情も関わっていた。このほか、俳諧や狂歌の題材ともなり、小林一茶にも「春風や牛に引かれて善光寺」の一句がある。これは文政四年（一八二一）の御開帳に際して善光寺に奉納されたものである。

ところで、この伝説や俚諺の発祥地とされている場所が長野県内にある。小諸市大久保の布引山釈尊寺（布引観音）はその一つだが、これは境内の岩壁に白布を吹き付けたような縞模様があることに由来しており、東御市布下にある布岩も同様のものである。「牛に引かれて善光寺参り」の伝説をこれらの岩と結び付けたのは、地元の人々による我田引水というより、当初は北国街道や中山道を往来する善光寺参詣者たちであったようである。

苅萱道心・石堂丸親子の伝説

善光寺の参道に沿った西光寺（長野市北石堂町）と、同寺の西方に位置する往生寺（長野市往生地）の二つの寺に伝わる伝説で、現在も両寺では、希望する参詣者に絵解きが行われている。その概要は両寺に伝わる縁起や絵解き台本（前者は『苅萱親子地蔵尊由来記』、後者は『苅萱堂往生寺縁起』）によれば、以下のようである。

鎌倉時代のこと、筑前国の武士加藤左衛門尉重氏は世の無常を感じて出奔し、法然の門に入って出家したのちは高野山で修行していた。重氏の出家後に生まれた息子の石堂丸は、父を訪ねて母とともに高野山麓までたどり着いたが、女人禁制のため、母を残して一人だけで登ったところ、奥の院の無明橋の上で一人の僧に出会った。この僧こそ父の重氏（苅萱道心）で、石堂丸がわが子であることに気づいたが、今は出家の身の上のため名乗ることもできず、そのまま帰らせた。石堂丸が麓に戻ると母は旅の疲れで亡くなっていたため、再び山に登って苅萱道心を師匠と仰いで出家し、道念と称した。その後、苅萱道心は善光寺に赴き、近くに寺（往生寺・西光寺）を建立し自ら地蔵尊を刻んで念仏に励み、この寺で往生を遂げた。道念は父の死を悟って移り住み、その菩提を弔うとともに自らも地蔵尊を刻み、やがて極楽往生したというものである。現在、西光寺と往生寺には、おのおの中世の作例とみられる二体の木造地蔵菩薩立像が安置されており、これが二人の刻んだ「親子地蔵尊像」と伝えられている。

この伝説の原型はもともと高野山で語り継がれてきたもので、現在高野山の苅萱堂でも『苅萱上人・石堂丸御一代記絵伝』の額絵を用いた絵解きが行われている。しかし、ここには善光寺は登場せず、そのモチーフも妻同士の嫉妬心や高野山の女人禁制に重きが置かれた点に特徴がある。ところが、西光寺や往生寺に伝承されてきたものは、そうした要素は薄れ、最後に善光寺で親子ともに往生したことを強調しようとする筋立てになっている。

善光寺を主要舞台に置き換えたのは、中世後期にできた『苅萱』などの説経節が早い例であるが、その背景には、善光寺の修造に関わった勧進聖と高野山の萱堂聖との交流があった。高野山内に住み着いた聖の実態は勧進や布教に携わった念仏僧といってもよく、弘法大師信仰と善光寺信仰の双方を併せ持つ者も少なくなかったからである。そのことは、山内の聖方の系譜を引く宿坊に「善光寺縁起」が複数伝来している点からもうかがわれよう。一方、西光寺や往生寺はそうした唱導に携わる聖たちが定着し、善光寺参詣者を相手に説法などをする辻堂に起源があったと想定されるから、両寺に前述したような伝説が残された理由も無理なく理解されるのである。

苅萱道心の伝説を取り入れた寺院縁起の類は各地に例があり、四国霊場の開創説話に結びつけた、宥弁の『四国偏礼功徳記』などはその一つである。また、これと似たような伝説として玉鶴姫伝説がある。善光寺を訪ねた熊谷直実の娘玉鶴姫は、現在の長野市若里あたりで病に倒れた。善光寺で修行中であった熊谷直実が、導かれるままに行ってみると自分の娘であることに気づいたが、親子と名乗ることもできず、娘を極楽往生へと導いてやったという伝説で、当地に現存する仏導寺の草創縁起にもなっている。熊谷直実（蓮生）は一の谷の合戦で若年の平敦盛を討ったことや、伯父との所領相論に敗れたことなどで、世の無常を感じて出家し、法然の門に入った念仏者として知られる関東武士である。善光寺の念仏堂には、鎌倉時代にすでに彼の肖像彫刻が安置されていたことが知られるから、実際に善光寺を訪れた可能性もある人物だが、上記の伝説自体は中世後期に「苅萱道心」の影響を受けてできた説教節『熊谷先陣問答』の内容が、地元に定着したものではないかと思われる。

第四章　近代——新たなる出発——

1　明治維新と善光寺内の混乱

神仏分離政策の影響

幕藩体制の崩壊によって善光寺が最初に直面した難題は、新政府による神仏分離政策と寺領の召し上げという、二つの問題であった。慶応四年（一八六八）三月から四月にかけて出された一連の神仏判然令は、あくまでも神社を対象としたもので、その内容は神社所属の僧侶の還俗、仏像を神体とすることの禁止、社前の仏像・仏具の除去、神職とその家族の神葬などを命じたものであったから、仏寺であった善光寺の場合は、本来なら対象外であったはずである。それでも非難の矛先が向けられたのは、年中行事等で境内周辺の神社と深い関わりを有していたうえに、本堂内陣には本尊を安置する瑠璃壇と並んで、神像を思わせる本田善光らの三卿像を安置する間が存在し、しかも後者が全体の三分の二を占めるという、寺院としては特異な構造を有していたことが要因であった。

当時、世間一般の風潮は、仏教を神道の上位に置く長年の因習に不満を持つ神職や平田派の国学者たちの主導により、廃仏棄釈運動に傾斜しつつあったから、善光寺としてもまったく無風のままに置かれるはずはなく、「善光神社」の社号に変更すべきだと主張する者もいたという話も伝わるほどである。廃寺化や全面的な神社化を免れたのは、長年続いてきた善光寺如来への人々の根強い信仰に加えて、後述する当時の大本願住職久我誓円の尽力があった。

ただ、本堂の裏手にあった年神堂は、師走の神事として今日も伝わる御越年式を執行するに当たって、堂童子と呼ばれる頭役の僧侶が引継ぎを行ってきた場所で、当時は八幡神を祀り、建物自体も純然たる社殿で境内摂社のような存在であったから、さすがにこれだけは撤去されて、善光寺の北東に位置した横山城の跡地に移ることになった。「善光寺三社」と呼ばれた湯福神社・武井神社・妻科神社の惣代らの申請によるもので、明治一二年（一八七九）に県から認可された。現在、城山に鎮座する健御名方富命彦神別神社である。この神社は『延喜式』にその名が見える官社で、神名は建御名方富命彦神社（現在の諏訪大社）から分祀されたことに因むものだが、移転に当たって、年神堂の前身がこの神社に当たるとする、中世以来の説に基づいて社号を復活させたのである。これは江戸時代後期から各地で盛んとなっていた、式内社顕彰運動の流れに沿った対応とみることもできよう。

なお、横山に移されたのは厳密には祭神だけで、年神堂の社殿は長野市高田中村の守田廼《もりたの》神社に譲渡され、その本殿として今日も残されている。それに対して、戸隠顕光寺の場合は、明治維新とともに別当以下の衆徒の還俗によって戸隠神社となったため、明治三年（一八七〇）には、かつての末寺群であった岩殿寺（現東筑摩郡筑北村）、大法寺（現小県郡青木村）など七か寺が大勧進の末寺に組み込まれることになり、戸隠山内にあった仏像の一部も善光寺や隣接する寛慶寺などに移された。

一方、寺領の召し上げは、宗教領主としての地位を否定されたことを意味し、善光寺の存立基盤を大きく変えることとなった。明治三年一〇月に善光寺領が松代藩の附属となったことを皮切りに、翌年二月には善光寺領の四か村が朝日山などとともに上知されて当時の中野県に編入され、ついで県庁舎の長野村への移転を契機に、同年六月に改称された長野県の管轄下に入ることになった。こうした新政府による一連の政策の中で、善光寺はこれまでにない経済的困窮を余儀なくされたのである。

神仏分離政策の中で派生したもう一つの難題に、大本願住職の尼上人の還俗問題がある。幕末から明治初年にかけて大本願の住職を勤めた久我誓円は伏見宮邦家親王の王女であったが、明治四年（一八七二）六月に新政府は宮門跡・院家などの名称の廃止とともに、仏門にあった皇族の還俗を強要する政策をとったため、誓円は久我家に入籍（久我通明の養女）することで僧籍を維持した。誓円は幕末の慶応三年（一八六七）まで青山善光寺に居住しており、信濃善光寺に帰寺したのは、同年一二月に江戸寛永寺の日光輪王寺門跡が還俗したことに伴い、天台宗の支配から離脱したという事情によっている。

ところが、翌明治元年（一八六八）二月には参内のため上京し、同年一二月には兼務となった大阪の阿弥陀ヶ池和光寺に居所を移した。ついで、明治二八年（一八九五）には大本願の京都別院として、知恩院に接する華頂門主邸の跡地に得浄明院（現東山区知恩院山内林下町）が開創され、以後はここに居住したため、善光寺に帰寺するのは御開帳の時のみであった。この間、留守を預かり大本願の寺務を執っていたのは副住職の大炊御門《おおいみかど》薫誓で、明治一一年（一八七八）の明治天皇巡幸（269頁参照）の際にも、薫誓が大本願を代表して出迎えている。

近代の御開帳

近代最初の御開帳は明治五年（一八七二）に行われたが、この目的の一つは、前述したように御一新に伴って生じたさまざまな苦境を打開することであった。これについで明治一〇年（一八七七）と明治一五年（一八八二）に開催されているように、当初は五年ごとに行われ、会期は四月初旬から五月下旬にかけてのほぼ五〇日間であった。四回目は明治二一年（一八八八）で、これ以後は六年ごと、すなわち子年と午年に行われることが慣例となった。古来からの年数の数え方に則って、「七年に一度」という言い回しが使われるのは、これ以後のことである。

また、この時の御開帳に当たっては、前年に門前の元善町以下の一六か町の惣代らが明年の開催を両寺に請願し、これを受けた善光寺の大本願と大勧進の両住職が上水内郡長に前立本尊の開帳願を申請して、認可が下りてから実施される運びとなった。こうした門前町の要請を受けて行うという手順は、長野市商工会議所が開催を求める請願書を提出するという現在の方法にも踏襲されている。

明治二六年（一八九三）四月には国鉄信越本線の高崎―直江津間が全通したが、これによって大量の団体客の輸送が可能となり、善光寺参詣者が飛躍的に増加する契機となった出来事として特筆される。昭和一七年（一九四二）に予定されていた御開帳は、太平洋戦争中のため実施されず、昭和一一年（一九三六）に行われたのが、戦前最後の御開帳となった。

幻の五重塔再建計画

善光寺境内の整備も徐々に進んだが、そうしたなかで江戸時代にも幕府の許可が下りずに実現しなかった、五重塔の再建運動が明治二〇年（一八八七）前後から湧き上がったことが、近年発見された史料（中村仙之助氏所蔵文書）によって明らかになった。定期的な御開帳が定着し、国鉄信越本線を始めとする鉄道網の発展によって参詣者が増加してきたといっても、むろん善光寺の経済基盤がただちに好転したわけではなく、この計画は旺盛社という民間の結社が中心となり、社員や信徒らが協力して進めたものである。遠く岩手県や熊本県などでも募金活動が行われ、完成予想図が配布されたり、石材の売買契約まで済ますなど、着工直前まで進んでいたようだが、明治二七年（一八九四）頃までには立ち消えになった。

この理由についてはさまざまな憶測がされているが、一つには明治二四年（一八九一）に起こった、近代に入って最初の火災の影響が大きいだろう。これは西之門町からの出火が原因で、善光寺でも慶応元年（一八六五）に再建されたばかりの仁王門や大本願、および山内院坊が類焼する被害を被った。復興までの道のりは長く、仁王門が完成したのは大正七年

（一九一八）になってからであった。さらに、この門に現存する高村光雲・米原雲海合作の金剛力士像が安置されたのは、翌年のことである。

明治三〇年（一八九七）には髪結業の祖とされる伝説上の人物、藤原采女亮の記念碑が境内に建てられた。これは全国の理髪業者が奉納したもので、同種の碑としては国内では最古のものとされ、平成二四年（二〇一二）に全国理容生活衛生同業組合連合会の「理容遺産」第一号に認定されている。明治三九年（一九〇六）には、江戸時代からあった骨堂の跡地に日本忠霊殿が建立されたが、これは戊辰戦争以来の戦没者の霊を祀る仏式の廟所で、当時は木造平屋の建物であった。

寺内の対立と紛争

大勧進と大本願の関係は明治に入っても改善されず、両寺共催の御開帳が定期的に続けられる一方で、深刻な対立が収束することはなく、前代以上に激しさを増し、両派の乱闘や流血事件に発展することもあった。その主たる原因は、教部省から善光寺の住職を定めるべく指示があったことに対して、双方が就任を主張したことにあった。この問題は明治九年（一八七六）に大本願が天台宗から浄土宗に復し、翌年には中衆も大本願に転属して浄土宗となったため、教部省からは「両宗並立」によって大勧進と大本願が寺務を分掌し、善光寺に住職を置く必要はないとの通達がなされたことで、ひとまず収まったものの、このほかさまざまな寺内の問題で紛糾は続いた。

たとえば、大勧進が御開帳願を単独で提出しようとしたり、山内の諸行事すべてを先に執行しようとしたことに、大本願側が抗議したこと、一方で大本願の住職が長期にわたって京阪に居住し留守にしていることや、それまで大勧進が独占的に使用していた礼盤の座に大本願の副住職が就いたことに、大勧進側が不当だと主張したことなどがその一例で、両者が訴訟合戦に及ぶこともしばしばであった。このため、明治二六年（一八九三）一〇月には、明治天皇巡幸（後述）の際の随員として善光寺を訪れたことのある、前内務大臣の品川弥二郎が調停に乗り出し、両寺は一応の和解をするに至ったが、その後も大正七年（一九一八）には前立本尊の所有権をめぐる争いなどが起こっている。

昭和一五年（一九四〇）には宗教団体法が施行され、寺院には住職を置くことが定められたため、再び住職就任問題が惹起した。県知事の斡旋により「善光寺寺院規則」が制定され、善光寺事務局や有識者による参与会が設置されたものの、この問題は容易に進展せず、大本願上人を「善光寺住職」、大勧進住職を「善光寺別当」とすることで決着したのは、敗戦直前の昭和二〇年（一九四五）七月のことであった。

2　善光寺を参詣した人々

明治天皇の巡幸

維新後に善光寺を訪れた人物といえば、明治天皇とそれに随行した新政府の要人たちがまず挙げられる。明治初年、天皇は盛んに地方巡幸を行った。これは天皇自身が地方の実情を視察するためであることはもちろんだが、なによりも西洋の君主制のあり方を模倣することを急務とした新政府が、新たな統治者の存在を民衆に実感させることに主たるねらいがあったとされる。その大規模な地方巡幸は全部で六回（六大巡幸）行われたが、長野県内を対象としたのは明治一一年（一八七八）の第三回（北陸東海巡幸）と同一三年の第四回（山梨三重京都巡幸）の二回で、このうち善光寺を含む北信濃を通過したのは前者の巡幸の際であった。

この時に供奉したのは右大臣岩倉具視を筆頭に、参議の大隈重信と井上馨、陸軍少輔大山巌、内務大書記官品川弥二郎以下、近衛騎兵を含めた三百余人に加えて、直前に大久保利通の暗殺や近衛砲兵隊の反乱などの事件が相次いだこともあり、大警視川路利良以下の警部・巡査約四〇〇人がつき従い、総勢七〇〇人に及ぶ大行列となった。八月三〇日に皇居を出立し、九月六日には碓氷峠を越え、八日に長野行在所に充てられた大勧進に到着した。翌日は長野県庁を皮切りに各施設を巡視し、長野県師範学校（現在の信州大学教育学部）の授業などを視察したあとに善光寺を参詣した。『信濃御巡幸録』によれば、「如来の開帳あれば聖上には軽く玉歩を移させ給ひ、瑠璃壇には入らせられず、前机の遍にて御脱帽の上御会釈あらせ給へり」と記されているから、この時に秘仏の如来像の開扉があったのではないかと思われる。続いて右側にある三卿像の前を通り過ぎたが、天皇の目線より高壇に安置されていたことに何のお咎めもなく、善光寺の住僧らは安堵の思いをなしたといったエピソードも残されている。明治天皇は大勧進で二泊したが、その他の随員は大山巌が康楽寺、品川弥二郎が兄部坊、川路利良が藤井平五郎（藤屋）といったように、山内宿坊や門前の旅館、近隣の寺院などに分宿している。

森鷗外の参詣

明治天皇巡幸のあと、善光寺を訪れた著名人は枚挙に遑がないが、その筆頭に上げるとすれば森鷗外であろう。生涯に六回ほど長野県を訪れたようだが、そのうち確実に善光寺に参詣したことが知られるのは、最初の明治一五年（一八八二）二月のことである。当時まだ二一歳であった彼の身分は、陸軍第一軍管区に所属する徴兵副医官であった。その日記『北游日乗』によれば、一行は緒方惟準を団長とする二二名からなり、長野へは徴兵検査の目的で赴いたとある。当時はまだ信越本線が建設途上であったため、東京は隅田川から出航して古河、栃木を経て群馬県までは江戸川・利根川を船で乗り継ぎ、残雪の碓氷峠を越えて軽井沢から追分までは馬車を雇っている。見渡す限り荒涼とした風景が続く「川中島」（ここでは現在の長野市篠ノ井地区から更北地区にかけての地）を、寒さを忍びながら通過し、二月二七日に長野に到着した一向は、裏権堂町にあった英屋（現在の柏楼の位置）に投宿し、その日のうちに善光寺に参詣している。

『北游日乗』には、この時に詠んだ七言絶句が書き添えられているが、その後半部分には「当年御虎庵何処　世上無人憐数奇」とある。実際に善光寺に参籠したことが知られ、『曽我物語』にも登場する、虎御前（大磯の遊女虎）の庵のあった場所を訪れようとしたのだが、付近にはそのようなことを知っている物好きな人はいなかった、と残念がっているのである（**図24**）。このことが脳裏にあったとすれば、生涯に少なくとももう一度くらいは善光寺を参詣したのではないかと想像したくなるが、その可能性があるとすれば、二回目の長野訪問をした明治二三年（一八九〇）八月であろう。『東京新報』に掲載された『みちの記』によると、八月一七日の早朝、一番の汽車で上野駅を発って信州に向かい、上高井郡山田村の山田

図24　虎御前の参詣伝承を伝える虎が塚（長野市岩石町）。遍歴する女性宗教者による唱導活動によって、各地にできたものの一つである。

温泉（現高山村奥山田）を訪れて藤井屋（現在の藤井荘）に一〇日間も滞在している。この旅は、表向きは東京新報社から依頼された取材旅行とされているが、湯治の背景には次のような事情があった。

明治二一年（一八八八）に四年間のドイツ留学を終えて帰国した鷗外は、翌年には訳詩集『於母影』（『国民之友』掲載）の発表や、雑誌『しがらみ草紙』の創刊など、医学研究の傍らで活発な文筆活動を始めていたが、その一方で、同年二月には親族や上司の意向で不本意な結婚を強いられて、私生活では挫折と苦悩の日々を過ごしていた時期でもある。明治二三年（一八九〇）の一月に発表した短編小説『舞姫』（『国民之友』掲載）のヒロインは、留学中に同棲していたドイツ人女性エリーゼ・ヴィーゲルトをモデルとしたもので、執筆の意図は離婚の意思表示のためであったとするのが近年の有力な説であり、実際、この年一〇月には別居を経て離縁に至っている。

山田温泉での湯治はこの間のことであるが、隠れた目的が傷心を癒すためであったとしても、この温泉を選んだ理由については不明のままにされてきた。しかし、交通不便な山中の温泉地とはいえ、人力車を使えば善光寺への往復はさほどではない。依頼原稿として執筆した『みちの記』には触れられるところはないが、山田温泉滞在は、最初から善光寺参詣が鷗外の眼中にあったことによるのではないかとも思われるのである。現時点ではまったくの憶測にすぎないが、引き続き筆者自身の検討課題としておきたい。

正岡子規と初代市川左団次

正岡子規は明治二四年（一八九二）五月、木曽路への一人旅の途中に参詣した。東京帝国大学在学中のことで、その時の様子は『かけはしの記』に描かれている。上野から信越本線の汽車で横川駅まで来たが、トンネルはまだ未開通のため碓氷峠は馬車で越え、軽井沢駅で再び汽車に乗っている。ちょうどこの年の五月四日に善光寺は西之門町から出火した火災で、仁王門や大本願などが類焼する被害に遭っていた。周辺の民家もまだ復興されていない焼け野原の中に、本堂のみが屹然と建っている様を目の当たりにした子規は、「難波の堀江のご難」を免れた御仏の力は今も変わらぬものだと痛く感動し、「あれ家や茨花さく臼の上」と一句詠んでいる。善光寺参詣の思い出は後年の随筆『くだもの』（雑誌『ホトトギス』掲載、一九〇一年）でも触れられている。

翌年一二月には、「団菊左」時代を築いた明治を代表する歌舞伎俳優の一人、初代市川左団次が来た。権堂に開業した劇場、千歳座の柿落とし興行に招かれたのである。当時すでに発刊されていた『信濃毎日新聞』によれば、同年一二月三日付け朝刊の第一面冒頭に左団次の口上書が掲載されており、かねてより善光寺参詣の宿願があったが、このたびようやくその望みがかなえられる喜びを吐露しつつ、演目として「伊達家騒動」と「慶安太平記丸橋忠弥ノ伝」を予定しているので、多数の観覧を心待ちしている旨が述べられている。同紙にはその後、断続的に関係記事が掲載されているが、それによれば一座二十数名が長野入りしたのは当初予定より遅く一二月八日の夜であった。

その日は「停車場」（長野駅）近くの五明館支店等に分宿し、翌日午前中に人力車を連ねて大勧進に至り、本堂に参詣している。その後、千歳座に至り幕開きの式を行ったが、近隣の商人が祝いの花火を数百発打ち上げ、大変な賑わいであったと報じられている。芝居の興行は一一日から始まったが、この千歳座は大正八年（一九一九）に相生座と改称され、現在も映画館として営業が続けられている。近年、現役の劇場としては国内最古の可能性があることが指摘されて、映画愛好家の注目を浴びた。

福沢諭吉と夏目漱石

明治二九年（一八九六）一一月には福沢諭吉が参詣した。諭吉の設立した慶応義塾で上位の成績を占めた塾生に、長野県佐久郡出身の神津国助や茂木吉治らがいたが、彼らは帰郷後も地域社会で教育実践活動を展開しており、その招聘によるものとされている。しかし、決行に至った直接の契機は、諭吉自身がまだ善光寺に参詣していなかったことが、塾生の一人で小諸出身の小山完悟との間で話題になったことにあるようである。当初の目的は善光寺参詣と直江津訪問のみで、妻と三人の子女を連れての家族旅行の趣であったのもそのためであった。

東京を出立したのは一一月六日で、その日のうちに念願の善光寺参詣を果たしたが、この時に「丙申秋遊于善光寺」と題する七言絶句を詠んでいる。当日は藤屋に宿泊したが、これは当主平五郎の弟藤井栄四郎が諭吉の門下生という縁によるものであった。『信濃毎日新聞』（同年一一月八日付け）には、この夜、講演を依頼する人々が宿に殺到したことなどが報じられている。このため、翌日は直江津の五智国分寺を訪ねたあと、再び長野へ戻って急遽依頼された長野県師範学校での講演をこなし、そのあと城山館で開催された歓迎会に出席したが、翌日にはまた新潟県の高田に赴くという慌ただしさであった。こうした強行スケジュールを可能にしたのは、明治二一年（一八八八）に信越本線の軽井沢―直江津間が開業していたことによる。その後、佐久でも講演を依頼され、帰京したのは一一日になっていた。

諭吉が明治六年（一八七三）に東京麻布の善福寺に建てた「福沢氏記念之碑」には、冒頭が「福沢氏の先祖は信州福沢の人なり」で始まり、先祖は江戸時代初期に豊前国中津（現大分県中津市）に来て藩主奥平氏の足軽となった来歴が記されている。このように信州ゆかりの家系であることを自認していたが、長野県を訪れたのはこのとき一回だけであったようである。ちなみに、「信州福沢」が現在のどこに当たるかは、諸説あって定まっていない。

夏目漱石が最初に善光寺を訪れたのは明治四四年（一九一一）六月一八日で、信濃教育会総会での講演を依頼された際である。『信濃毎日新聞』（同年六月一九日付け）によると、演題は「教育と文芸」とあり、一時間半にわたる講演であった。この時のもう一人の演者は、当時同紙の主筆であった桐生悠々が勤めている。長野へは諭吉と同様に妻（鏡子）を伴っていたが、漱石の場合には、前年の夏に胃潰瘍とその後の吐血のため、数か月にわたる入院生活を余儀なくされ、病状を心配した鏡子が同行を申し出たという事情があった。

漱石夫妻は前日は犀北館に宿泊し、善光寺に参詣したのは講演当日の朝である。日記によれば、この時、善光寺境内の一宿坊に掲げられていた「元祖藤八拳指南所」という看板を眼にしたとある。藤八拳は狐拳ともいい、ジャンケン（石拳）のように指の屈伸や手の開閉によって勝負を競う遊戯の一種であるが、この看板のことがよほど印象に残ったようで、大正四年（一九一五）に『朝日新聞』に連載した小説『道草』の中の会話に、このネタが使われている。善光寺に取材した作品にはもう一つ、長野に来た翌年の明治四五年（一九一二）に発表した『彼岸過迄』があり、ここでは善光寺如来の御神籤で出た「吉」のおかげで試験に及第した話が登場する。近年、漱石の長野訪問一〇〇周年を記念して、「生きて仰ぐ空の高さよ赤蜻蛉」の句碑が善光寺境内に建てられたが、この句は前年に療養中の修善寺温泉で詠んだものである。

ロシアの宣教師ニコライ

善光寺に関心を示したのは日本人のみではなく、開港後に来日した多くの外国人のなかにもいた。ロシア正教会の宣教師ニコライ（一八三六―一九一二）はその一人である。ニコライは文久元年（一八六一）にロシア軍艦アメリカ号で函館に到着し、日本ハリストス正教会の創始者として知られる一方、新島襄などについて日本語や日本の歴史を学ぶとともに、亡くなるまでの約五〇年間、布教のために全国各地を旅行した。そのなかで、上田、松代を経て長野を訪れたのは、明治二六年（一八九三）一〇月のことである。松代では旧家老職の矢沢家に立ち寄っているが、当時の長野町に入ってからも行く先々で情報を収集しており、「この町では民衆がキリスト教に改宗することは難しい。なぜなら、この町には、有名な仏教寺院である天台宗と浄土宗の善光寺があるので、民衆の間に仏教は深く根を張っている」と述べ、実際に当地でキリスト教徒になった者が少ないことを嘆いている（中村健之介監修『宣教師ニコライの全日記』）。

善光寺の境内には、到着した翌日に足を踏み入れており、「華麗でたいへん豪華である。巡礼者はいつもいっぱいである」と感想を述べる一方、付近の丘に登ったり街道に出てみたりして、周辺の地勢を入念に観察している。それもたんなる好奇心ではなく、「異教徒」たる当地の住人を、いかに改宗させるかという本来の目的と無縁ではなかったようである。長野では「ホテル」（犀北館の前身）に宿を取り、三日間の滞在中に各地で精力的に布教活動をこなしたあと、信越線で次の訪問地である新潟県の高田に向けて旅立った。

若山牧水と種田山頭火

大正に入り、しばしば長野県内を訪れたのは旅の詩人、若山牧水である。その数は十数回ともいわれているが、善光寺を最初に参詣したのは大正六年（一九一七）八月であった。

「雨男」を自認するだけあって、この日も土砂降りで、長野駅から人力車を使って門前まで行ったものの、自身もびしょ濡れになったと、そのときの紀行文『南信紀行』に記している。ついで、大正一四年（一九二五）四月に訪れた時の随筆が『信濃の春』である。友人四人と連れ立っての旅で、佐久地方を当時まだ目新しかった自動車でめぐり、ついで湯田中温泉（下高井郡山ノ内町）などを経て、長野市には同月二八日に入った。社友で薬種業を営む西条梅子女史の案内で夜の善光寺を参詣し、夜桜で賑わう城山にも足を延ばしたあと、地元の友人宅に泊まり、翌朝即興で「善光寺だひらの花のさかりに行きあひぬ折柄の雨もただならなくに」と詠んでいる。

漂泊の俳人種田山頭火が善光寺を訪れたのは、戦前最後の御開帳が行われた昭和一一年（一九三六）であった。この年、佐久郡内に住む自由律俳句の仲間たちを訪ね歩いて親交を深めた山頭火は、沓掛（現軽井沢町中軽井沢）から群馬県の長野原町を経て草津温泉に逗留し、万座峠を越えて再び長野県内に入り、山田温泉の大湯で旅の疲れを癒した。さらに長野市の俳人、風間北光宅に三泊滞在し、その案内で善光寺に参詣したのは五月二八日になっていた。御開帳はすでに終了していたが、『山頭火旅日記』同日条には「長野の善光寺か、善光寺の長野かといはれるほどあつて、善光寺はまことにうれしい寺院である。ご開帳がすんだばかりで、まだその名残がある」と記しており、善光寺を参拝して喜々とした様子がうかがわれる。

善光寺で詠んだ句の一つに「八重ざくらうつくしく南無観世音菩薩」とあるが、阿弥陀如来ではなく観音菩薩としたところは、わざと御開帳の期間中を避けた旅の行程とともに、型に嵌らない山頭火らしい性格がにじみ出ているようである。ちなみに、善光寺境内の東庭園に建てられた句碑には、先の句とともに、「すぐそこでしたしや信濃路のかっこう」の句が刻まれている。このあと山頭火は柏原の一茶旧跡を訪ね、その墓参を済ませたあと越後に向かって旅立っている。

3　戦後から平成までの沿革

敗戦後の復興と整備

昭和二〇年（一九四五）八月、ポツダム宣言受諾により日本が連合国軍の占領下に置かれると、長野県内にも進駐軍が入り長野市に長野司令部（長野軍政部）が設けられた。進駐軍との関係で特記されることといえば、同年一一月二六日にモロイ中佐以下の一行四名が善光寺を訪れて、本堂の地下室、すなわち「戒壇巡り」の通路にある錠前を開けて内部を検分したことである。これは武器・弾薬が匿されていないかどうかの調査であったが、なかには何もないことがわかり、二〇分程度で終了したという(『信濃毎日新聞』同年一一月二七日付け)。

善光寺の住職をめぐる問題は、敗戦直前の昭和二〇年七月に大本願上人が「住職」、大勧進住職が「別当」とすることで決着したことは前に触れたが、同年一二月には宗教団体への規制を撤廃した宗教法人令の施行に伴い、大勧進住職と大本願上人の二人住職制が復活することになった。これにより、大勧進の「住職」は「貫主」の名称に変更された。ついで、昭和二六年(一九五一)に新たな宗教法人法が制定されると、同二八年に浄土宗の「大本山善光寺大本願」と天台宗の「善光寺大勧進」がおのおの山内院坊とともに宗教法人として登記され、善光寺そのものはいずれの宗派にも属さない単立の寺院として設立登記されて、今日に至っている。

寺内の機構改革については前代からの対立が尾を引いて難航したが、長野商工会議所の申し入れなどにより、法会の執行等に際しては大勧進と大本願の平等化が図られるなど、徐々に両者の良好な協力関係が築かれつつある。これには戦前に設置されていた事務局の体制が整い、一山の運営機構として実質的に機能し始めたことの影響が大きいように思われる。善光寺事務局は当初、寺務局・法務局・営繕局からなり、前二者は局長・次長以下、天台・浄土両宗の僧が交替で就任、営繕局長のみ信徒代表から選任され（次長は一山の僧）、寺務局長が事務局を代表していたが、寺務局長はその後の改革で寺務総長の名称に変わり、名実ともに事務局トップの役職となった。ただ、寺内では近年、大勧進貫主の地位をめぐる訴訟や、同じく副住職選任をめぐる本山延暦寺との対立が表面化するなど、むしろ天台宗方で新たな問題が相次いで起きている（『信濃毎日新聞』ほか）。

　戦後新たに整備された堂塔としては、昭和二四年（一九四九）に落成した雲上殿（納骨堂）がある。これは昭和一〇年（一九三五）に着工されたものの、太平洋戦争と重なって工期が遅れ、この年の御開帳に合わせて、ようやく完成にこぎつけた。内部の壁画は戦時中に長野市に疎開していた、日本画家の野生司《のうす》香雪《こうせつ》によって描かれたものである。また、昭和四五年（一九七〇）には、それまで木造平屋の建物であった日本忠霊殿が、鉄筋コンクリート製で外見が三重塔形式の建物に建て替えられた。一方、本堂は昭和二八年（一九五三）に国宝に、三門と経蔵は昭和四〇年（一九六五）に重要文化財に指定されて、これらの建造物は国庫補助事業による修理が順次行われることになった。本堂の「昭和の大修理」は昭和五九年（一九八四）に着手され、平成元年（一九八九）に終了した。また、三門は平成一四年（二〇〇二）から平成一九年（二〇〇七）まで五年をかけて実施されたが、大正一〇年（一九二一）の修理の際に檜皮葺に替えられていた屋根が、寛延三年（一七五〇）に再建された当初の栩葺《とちぶき》（サワラ材）に戻されたことが大きな特徴である。

御開帳とさまざまなイベント

戦後最初の御開帳は昭和二四年（一九四九）に行われたが、これは前回から一三年ぶりのことであった。以後、六年に一度（数えで七年目ごと）という頻度や五〇日前後という会期の日数など、戦前と同様の実施方法が復活するが、開催年は子年と午年から丑年と未年に変わった。ただし、開催頻度は当初から固定していたわけではなく、観光客誘致による潤いを期待する商工会議所の強い要望が先行しており、昭和二六年（一九五一）には例外的に、「善光寺如来渡来千四百年記念」と銘打った臨時の御開帳が行われている。この時は前回から二年しか経っておらず、戦後の復興も進んでいなかったことも災いして、参詣者はわずか四万人を超える程度で振るわなかった。

しかし、その後の御開帳では高度経済成長の波に乗って参詣客が戻り始め、昭和三〇年（一九五五）に七五万人であったものが、次の昭和三六年（一九六一）には一五〇万人と倍増した。その後も回を重ねるごとに参詣者の数は増加し、昭和六〇年（一九八五）には三〇〇万人の大台を越え、平成九年（一九九七）には五一五万人、平成一五年（二〇〇三）は北陸新幹線が長野まで開通して最初の御開帳ということもあり六二八万人に達した。平成二七年（二〇一五）の御開帳ではついに七〇〇万人を突破したが、これはこの年三月に北陸新幹線が金沢まで延伸したことの影響が大きい。また、平常の年の年間参詣者も、昭和四七年（一九七二）以降はほぼ六〇〇万人台を維持して、現在に至っている。

戦後の善光寺はさまざまなイベントの会場としても提供されている。平成一〇年（一九九八）に開催された長野冬季五輪は、当時の五輪総合プロデューサーの発案により、善光寺の梵鐘の音を合図に開幕した。しかし、オリンピックのような国際的なイベントに関与することは、時として国際紛争の影響を受けることもあり、平成二〇年（二〇〇八）の北京五輪の際には、聖火リレーの出発地が善光寺に予定されていたにもかかわらず、チベット問題に伴う中国政府への抗議行動の高まりを踏まえて、直前に辞退を余儀なくされている。平成二二年（二〇一〇）にはチベット仏教の最高指導者ダライ・ラマ一四世が善光寺を訪れ、本堂で砂曼荼羅の開眼供養を行うとともに、世界平和を祈念する法要を行った。これは善光寺側の招請によるものだが、訪問が実現した背景には聖火リレーの対応に謝意を示す目的があったとされる。

その一方で、平成二三年（二〇一一）に起こった東日本大震災の復興支援のためにさまざまな取り組みが行われた。翌年四月に、犠牲者の鎮魂を祈願して、津波で壊滅的な被害を受けた岩手県陸前高田市の「高田松原」の倒木から、地蔵菩薩像を彫像して同市の普門院に奉納したのは、その一例である。さらに、平成二五年（二〇一三）四月二七日から五月一九日まで、東京都墨田区両国の回向院で出開帳を開催し、収益が被災地復興の義捐金に当てられたが、回向院で善光寺の出開帳が行われたのは文政三年（一八二〇）以来、一九三年ぶりのことであった。

善光寺史略年表

※項目は主として本文の叙述の中から選んだため、出典は原則として省いた。

西暦	事項
六八五	天武天皇が諸国の郡司らに対し、仏教奨励の詔を出す。
八八八	仁和の洪水で水内郡など六郡が大きな被害を受ける。
一〇世紀中頃	この頃にできた『僧妙達蘇生注記』に善光寺の僧真蓮が登場する。
一一一八	寺門派の僧聖厳が別当に在任する。四天王寺権別当も兼任。
一一七九	仏壇・厨子を残して全焼する。
一一八七	源頼朝が信濃の御家人らに再建を命じる。
一一九一	主要伽藍の新造が成り、落慶供養が行われる。
一一九七	源頼朝が御家人を率いて参詣するか。
一二三七	証空が宇都宮泰綱と図り、当麻曼荼羅の模写を奉納する。
一二四二	この年以前に鎌倉名越に新善光寺が建立される。
一二六五	四人の善光寺奉行人が解任される。
一二六八	井上盛長の放火により全焼する。
一二七一	一遍が初めて訪れ、二河白道の図を写すという。
一二七四	佐渡に配流されていた日蓮が赦免され、善光寺近辺を通過する。
一二七七	鎌倉幕府の連署北条義政が突如出奔して、参詣する。
一二九〇	後深草院二条などの女性の一団が碓氷峠を越えて訪れ、参籠する。

一二九八	遊行二世の他阿真教が七日間参籠する。
一三一三	金堂や鐘楼が焼失する。梵鐘は同年のうちに鋳造される。
一三三三	善光寺門前に住む仏師妙海が、伊那郡宮所氏の発願で十一面観音像を造立する。
一三七〇	主要伽藍が焼失するが、本尊は難を逃れるという。
一四〇〇	新任の守護小笠原長秀が善光寺に参詣後、横山城に入城して政始を行うが、国人層の反発を買い、合戦となる（大塔合戦）。
一四二七	東門脇の念仏房から出火し、伽藍が全焼する。
一四六五	山門派の僧で二条派歌人の堯恵が参籠し、ついで戸隠寺奥院にも参詣する。
一四六九	慈観上人を本願とした五重塔が再建される。
一四七四	主要伽藍が焼失する。この時、本尊も頭部を残して焼損するか。
一四八六	堯恵が古今伝授のために滞在していた美濃から訪れ、再び参籠する。
一五〇二	戒順が摂津堺北荘で勧進した「前立新仏」が完成する。
一五〇五	英多荘（現長野市松代町周辺）で、四巻本『善光寺縁起』が書写される。
一五一八	能登七尾城に滞在中の冷泉為広が、越後府中を経て参詣する。
一五五五	武田信玄が仏像・仏具を持ち出し、ついで甲斐に運ぶ。
一五七二	甲斐善光寺の金堂が完成し、鏡空上人を導師として落慶供養が行われる。
一五八一	上杉景勝が妙観院を越後府内善光寺の大勧進に任ずる。

一五八二	武田氏滅亡後、本尊が織田氏によって美濃に移され、ついで尾張、遠江を転々とし、翌年徳川家康によって三河を経て甲斐に戻される。
一五九七	豊臣秀吉の要請で本尊が甲斐から京都方広寺大仏殿に遷座する。
一五九八	秀吉が本尊を信濃に帰還させる。
一六〇〇	豊臣秀頼が本堂や本尊を修理するという。
一六〇一	徳川家康が千石の寺領を寄進する。
一六〇三	大久保長安が朝日山を造営料所に定める。
一六四二	西町から出火し、本堂が焼失する。その後、本堂の再建をめぐり、大本願が大勧進の非法を寺社奉行に訴える。
一六四三	天海が寛永寺の直末とすることを決め、七か条の掟を下知する。
一六六六	三度目の仮本堂（寛文如来堂）が完成する。
一六八六	衆徒・中衆・妻戸はいずれも大勧進の下知に従うことになる。
一六九二	本堂再建のための出開帳が寺社奉行から認可され、江戸両国の回向院で最初の出開帳が行われる。この年、本尊像の有無が問題となり、寛永寺から遣わされた使僧が本堂内の厨子を検分する。
一七〇〇	善光寺町から出火し、仮堂や普請用の材木などを焼失する。
一七〇七	本堂（現在の本堂）が完成する。
一七四〇	寺社奉行の裁定で、大本願が大勧進の支配に属することになる。

一七八四	大勧進の等順が参詣者に融通念仏血脈の授与を始める。
一八〇〇	五重塔の再建が幕府の方針で不許可となる。
一八二六	ペルシャ産のラクダの見世物が興行され、評判となる。
一八四七	弘化の大地震により、多数の死者や家屋の被害が出る。
一八七〇	明治政府により、善光寺領が松代藩の付属となる。
一八七二	近代最初の御開帳が行われる。
一八七六	大本願が浄土宗に復す。翌年には中衆も大本願に属し、浄土宗となる。
一八七八	明治天皇が北陸東海巡幸の際に大勧進に宿泊し、本堂に参詣する。
一九一八	仁王門が完成する。翌年、高村光雲・米原雲海合作の仁王像が安置される。
一九四五	進駐軍の一行が本堂地下の戒壇の錠前を開けて検分する。
一九四九	戦後初めての御開帳が行われる。
一九七〇	三重塔形式の日本忠霊殿が完成する。
一九八九	本堂の大修理が終了する。
一九九八	長野冬季オリンピックが、善光寺の梵鐘の音を合図に開幕する。
二〇一〇	ダライ・ラマ一四世が訪れ、世界平和を祈念する法要を行う。
二〇一三	東日本大震災被災地の復興支援を目的に、東京・両国の回向院で出開帳が行われる。
二〇一四	白馬村を震源とする地震により、境内の石灯籠の多くが倒壊する。
二〇一五	御開帳が開催され、期間中の参詣者数が七百万人を超える。

主たる参考文献

紙幅の都合上、ここでは信濃善光寺や善光寺信仰を扱ったものかどうかを問わず、本文中で引用したもの、もしくは執筆に際して特に示唆を得たものに限定し、各章ごとに著者名をアイウエオ順に配列した。複数の章で参考にした文献でも、初出の章のみに掲げてある。

なお、信濃善光寺および善光寺信仰に関わる論文・著作は膨大な数に上るが、一九九五年までに発表されたものについては、拙稿「信濃善光寺史関係文献目録」(『寺院史研究』第二号、一九九一年)、「同　補遺(その一)」(『寺院史研究』第五号、一九九六年)を参照されたい。

第一章　古代——創建と当初の性格——

石田茂作「善光寺如来は阿弥陀仏に非ず」(一志茂樹先生喜寿記念会編『一志茂樹博士喜寿記念論集』所収、一九七一年、信濃史学会刊)

伊藤清郎「石清水八幡宮における紀氏門閥支配の形成について」(『歴史』第四九号、一九七六年)

牛山佳幸『古代中世寺院組織の研究』(一九九〇年、吉川弘文館刊)

牛山佳幸「善光寺創建と善光寺信仰の発展」(伊藤延男・五来重・上原昭一・下平正樹編『善光寺　心とかたち』所収、一九九一年、第一法規出版刊)

牛山佳幸「貞観八年の信濃定額寺列格をめぐって」(『信濃』第四四巻第一一号、同第四五巻第二号、一九九二年、一九九三年)

牛山佳幸「善光寺縁起の成長」(長野市立博物館編集・刊行『長野市制百周年記念事業第39回特別展　古

代・中世人の祈り　善光寺信仰と北信濃』図録、一九九七年）
牛山佳幸「善光寺信仰と女人救済――主として中世における――」（井原今朝男・牛山佳幸編『論集　東国信濃の古代中世史』所収、二〇〇八年、岩田書院刊）
大塚章「美濃地方における湖東式軒瓦の展開――特に、各務原・加茂地区を中心として――」（『岐阜県博物館調査研究報告』第一七号、一九九六年）
大村浩司「下寺尾官衙遺跡群の調査と保存――相模国高座郡衙と下寺尾廃寺（七堂伽藍跡）――」（『日本歴史』第八一一号、二〇一五年）
小笠原好彦・田中勝弘・西田弘・林博通『近江の古代寺院』（一九八九年、近江の古代寺院刊行会刊）
奥健夫「生身仏像論」（『講座日本美術史』第四巻「造形の場」所収、二〇〇五年、東京大学出版会刊）
河内晋平「松原湖（群）をつくった888年の八ヶ岳大崩落――八ヶ岳の地質見学案内――」（『信州大学教育学部紀要』第八三号、第八四号、一九九四年、一九九五年）
金申『中国歴代紀年仏像図典』（一九九四年、文物出版社〈北京〉刊）
工藤美和子「『江都督納言願文集』にみる女性と仏教について」（『日本宗教文化史研究』第九巻第二号、二〇〇五年）
坂井衡平『善光寺史』上・下（一九六九年、東京美術刊）
笹沢浩「県町遺跡　長野市南長野県町」（『長野県史　考古資料編』全一巻　主要遺跡〈北・東信〉、一九八二年、長野県刊）
滝川政次郎「浅草寺縁起の類型とその源流」（『史学雑誌』第六五巻第三号、一九五六年）
田中重久「郡名寺院の性格」（『学海』第二四号、一九四六年）

田中弘志『シリーズ「遺跡を学ぶ」046　律令体制を支えた地方官衙　弥勒寺遺跡群』（二〇〇八年、新泉社刊）
長野市教育委員会編集『長野市の埋蔵文化財　第一二一集　長野遺跡群　元善町遺跡　善光寺門前町跡（2）』（二〇〇八年、長野市埋蔵文化財センター刊）
西沢久徳「一光三尊と印相について」（『長野』第二三五号、二〇〇四年）
原明芳「仁和の洪水と地域社会——善光寺平南部を中心に——」（『信濃』第六七巻第四号、二〇一五年）
藤井恵介「絵巻物の建築図は信頼できるか『一遍上人絵図』の寺院・神社図を通して考える」（小泉和子・玉井哲男・黒田日出男編『絵巻物の建築を読む』所収、一九九六年、東京大学出版会刊）
藤岡穣「中国南朝造像に関する覚書——善光寺本尊像の源流を求めて——」（『佛教藝術』第三〇七号、二〇〇九年）
H・E・プルチョウ『旅する日本人——日本の中世紀行文学を探る——』（一九八三年、武蔵野書院刊）
堀越光信「『扶桑略記』撰者考」（『皇學館論叢』第一七巻第六号、一九八四年）
堀越光信「『扶桑略記』の成立年代と編纂目的」（『皇學館論叢』第一八巻第一二号、一九八五年）
町田勝則「長野県千曲市出土の木製仏塔、六角木幢について」（『佛教藝術』第二八七号、二〇〇六年）
山口純一「若槻出土のいわゆる善光寺瓦について」（『長野』第一三四号、一九八七年）
山中敏史・佐藤興治『古代日本を発掘する5　古代の役所』（一九八五年、岩波書店刊）
山中敏史『古代地方官衙遺跡の研究』（一九九四年、塙書房刊）
吉原浩人「『続本朝往生伝』の論理——真縁上人伝を中心に——」（『国文学　解釈と鑑賞』第五五巻第八号、一九九〇年）

吉原浩人「神仏習合思想上の大江匡房――『江都督納言願文集』『本朝神仙伝』などにみる本地の探求と顕彰――」（和漢比較文学叢書第一四巻『説話文学と漢文学』所収、一九九四年、汲古書院刊）
吉原浩人「『善光寺縁起』生成の背景――『請観音経』との関係を中心に――」（『国文学　解釈と観賞』第六三巻第一二号、一九九八年）
吉原浩人「『善光寺縁起』における女人救済の諸相」（『国文学　解釈と鑑賞』第五六巻第五号、一九九一年）
米谷拓実「自然災害長野県八ヶ岳崩落は八八七年と確定」（奈良国立文化財研究所埋蔵文化財センター『埋蔵文化財ニュース』一〇〇号、二〇〇〇年）
米山一政「善光寺古縁起について」（『信濃』第九巻第六号、一九五七年）

第二章　中世――武士政権の成立と信仰の流布――

石川勝義「『右大将家善光寺御参随兵日記』の成立とその背景（上）（下）」（『信濃』第六六巻第四号、第五号、二〇一五年）
伊藤慎吾『室町戦国期の公家社会と文事』（二〇一二年、三弥井書店刊）
牛山佳幸「中世の尼寺と尼」（大隅和雄・西口順子編『シリーズ女性と仏教Ⅰ　尼と尼寺』所収、一九八九年、平凡社刊）
牛山佳幸「北陸地方善光寺関係調査報告――安居寺文書の紹介――」（『市誌研究ながの』第二号、一九九五年）
牛山佳幸「善光寺信仰と中世の越中」（『地方史研究』第四七巻第五号、一九九七年）
牛山佳幸「乱世における信濃善光寺と善光寺信仰」（蓮如上人研究会編『蓮如上人研究』所収、一九九八年、

思文閣出版刊）
牛山佳幸「中世武士社会と善光寺信仰――鎌倉期を中心に――」（鎌倉遺文研究会編『鎌倉遺文研究Ⅱ　鎌倉時代の社会と文化』所収、一九九九年、東京堂出版刊）
牛山佳幸「鎌倉・南北朝期の新善光寺」（『寺院史研究』第六号、第七号、二〇〇二年、二〇〇三年）
牛山佳幸「一遍と信濃の旅をめぐる二つの問題――在地の武士や所領との関係について――」（『時衆文化』第九号、二〇〇四年）
牛山佳幸「モンゴル襲来前後の時期における地域社会と仏教――善光寺信仰および信濃国関係の事例を中心として――」（『佛教史學研究』第四九巻第一号、二〇〇六年）
鴨志田智啓「宇都宮氏出自考」（『歴史と文化』第四号、一九九五年）
河内将芳『秀吉の大仏建立』（二〇〇八年、法藏館刊）
鬼頭勝之『裏から読む大坂の陣――善光寺・豊国・お江与・甚目寺――』（二〇一一年、ブックショップ　マイタウン刊）
倉田邦男・倉田治夫編著『善光寺縁起集成Ⅰ　寛文八年版本』（二〇〇一年、龍鳳書房刊）
黒田日出男『源頼朝の真像』（二〇一一年、角川学芸出版刊）
小林計一郎「善光寺・姨捨山についての新史料　信生法師集・とはずがたり・初編本老葉」（『長野』第二号、一九六四年）
小林計一郎『信濃中世史考』（一九八二年、吉川弘文館刊）
下坂守「中世的『勧進』の変質過程――清水寺における『本願』出現の契機をめぐって――」（『古文書研究』第三四号、一九九一年）

平雅行「鎌倉幕府の宗教政策」（小松和彦・都出比呂志編『日本古代の葬制と社会関係の基礎的研究』所収、一九九五年、大阪大学文学部刊）
平雅行「鎌倉寺門派の成立と展開」（『大阪大学大学院文学研究科紀要』第四九巻、二〇〇九年）
平雅行「鎌倉の顕密仏教と幕府」（『京都女子大学宗教・文化研究所研究紀要』第二六号、二〇一三年）
高橋公明「外交儀礼よりみた室町時代の日朝関係」（『史学雑誌』第九一編第八号、一九八二年）
近本謙介「貞慶の唱導と関東――東大寺図書館蔵『如意鈔』をめぐって――」（『戒律文化』第六号、二〇〇八年）
外村久江『鎌倉文化の研究――早歌創造をめぐって――』（一九九六年、三弥井書店刊）
西山克『聖地の想像力――参詣曼荼羅を読む――』（一九九八年、法藏館刊）
林幹弥『太子信仰――その発生と発展――』（日本人の行動と思想13、一九七二年、評論社刊）
平松令三「善光寺勧進聖と親鸞」（『高田学報』第八八輯、二〇〇〇年）
古幡昇子「善光寺式阿弥陀および脇侍像現存作例一覧概要」（『佛教藝術』第三〇七号、二〇〇九年）
武笠朗「善光寺信仰とその造像をめぐって」（『佛教藝術』第三〇七号、二〇〇九年）
山本隆志「頼朝権力の遺産――上野国における頼朝入国伝承――」（西垣晴次先生退官記念宗教史・地方史論纂編集委員会編『西垣晴次先生退官記念 宗教史・地方史論纂』所収、一九九四年、刀水書房刊）

第三章　近世――庶民信仰の展開――

赤羽貞幸・北原糸子編著『善光寺地震に学ぶ』（二〇〇三年、信濃毎日新聞社刊）
牛山佳幸「圓月祐清尼の『善光寺道之日記』について」（『江戸期おんな考』第一五号、二〇〇四年）

牛山佳幸「近世における善光寺史関係の著作について」(『市誌研究ながの』第一三号、二〇〇六年)
尾崎行也「近世における善光寺の御開帳」(「善光寺本坊　大勧進寳物集」刊行会編『善光寺本坊　大勧進寳物集』所収、一九九九年、郷土出版社刊)
槲澤龍吉『叙事民謡　善光寺大地震』(一九七六年、銀河書房刊)
小林計一郎『長野市史考――近世善光寺町の研究――』(一九六九年、吉川弘文館刊)
小林計一郎「善光寺宿坊の宿帳――正信坊「当院止宿姓名控」――」(『長野』一四六号、一九八九年)
五来重『増補　高野聖』(一九七五年、角川書店刊)
善光寺史研究会『善光寺史研究』(一九二二年、公友新報社刊)
徳田和夫「〈牛に引かれて善光寺参り〉譚の軌跡――社寺参詣曼荼羅の物語的図像(Ⅱ)――」(『絵解き研究』第六号、一九八八年)
冨澤信明「良寛　故郷に還る　円通寺から五合庵へ」(『良寛』四八号、二〇〇五年)
仁科邦男『犬の伊勢参り』(二〇一三年、平凡社刊)
根井浄「寛政四年　島原大変と宗教界」(『嶽南風土記』第一九号、二〇一二年)
日野西真定「高野山麓苅萱堂の発生と機能――特に千里御前の巫女的性格について――」(大隈和雄・西口順子編『巫と女神』所収、一九八九年、平凡社刊)
比留間尚『江戸の開帳』(一九八〇年、吉川弘文館刊)
古畑和男『善光寺門前町と防火水路　世界に類を見ない「畳差し」』(二〇一一年、古畑和男発行、信濃毎日新聞社編集・製作)
宮島潤子『信濃の聖と木食行者』(一九八三年、角川書店刊)

渡邉一郎監修・小島貞二編『雷電日記』（一九九九年、ベースボール・マガジン社刊）

第四章　近代——新たなる出発——

乙部泉三郎編『信濃御巡幸録』（一九三三年、信濃毎日新聞株式会社刊）
小林計一郎『善光寺史研究』（二〇〇〇年、信濃毎日新聞社刊）
種田山頭火『山頭火全集』第七巻（一九八七年、春陽堂書店刊）
中村健之介監修『宣教師ニコライの全日記』第三巻（二〇〇七年、教文館刊）
中村仙之助『善光寺に五重塔を！——明治期再建運動の全貌は夜明け前の一里塚——』（二〇一一年、郁朋社刊）
夏目金之助『漱石全集』第二四巻、第二五巻（一九九七年、一九九六年、岩波書店刊）
福澤諭吉『福澤諭吉全集』第一九巻、第二一巻（一九七一年、岩波書店刊）
（財）文化財建造物保存技術協会編著『重要文化財　善光寺三門保存修理工事報告書』（二〇〇八年、宗教法人善光寺刊）
宮尾貞子『善光寺——宗門の堕落とその改革——』（一九五九年、三一書房刊）
村石正行「近代長野県における福沢諭吉人脈の形成とその思想の受容」（『長野県立博物館　研究紀要』第九号、二〇〇三年）
森林太郎『鷗外全集』第三五巻（一九七五年、岩波書店刊）
六草いちか『鷗外の恋——舞姫エリスの真実——』（二〇一一年、講談社刊）
若山牧水『若山牧水全集』第五巻（一九八二年、日本図書センター刊）

図19　横山城本郭跡（長野市箱清水）　筆者撮影　p 168
図20　山形県庄内町の三ヶ沢善光寺に伝来する４巻本『善光寺縁起』巻三の奥書部分　善光寺（山形県庄内町）蔵　p 181
図21　智教房が「熊野之本地」を売り渡したことを示す書状　安居寺（富山県南砺市）蔵　p 188
図22　寛文年間（1661～73）頃の善光寺境内とその周辺を描いた「信濃水内彦神別神社遺跡之図」。明治５年（1872）の写し　長野市立博物館（関川文庫）蔵　p 217
図23　北国街道丹波島宿の現在　筆者撮影　p 228
図24　虎御前の参詣伝承を伝える虎が塚（長野市岩石町）　筆者撮影　p 272

図版クレジット

図１　阿弥陀如来及び両脇侍立像　円覚寺蔵　p 5
図２　東魏の武定２年（544）銘のある中国河南省法雲寺旧蔵の石灰岩製如来三尊立像　英国ヴィクトリア・アルバート美術館蔵　p 6
図３　善光寺境内から出土した鋸歯文縁複弁八葉蓮華文の軒丸瓦　長野市立博物館蔵　p 9
図４　元善町遺跡・大本願明照殿地点の瓦集中区　写真：長野市埋蔵文化財センター　p 11
図５　元善町遺跡・大本願明照殿地点から出土した単弁六葉蓮華文軒丸瓦　長野市埋蔵文化財センター蔵　p 12
図６　合掌型石室を伴う積石塚古墳（大室古墳群168号墳）　写真：長野市埋蔵文化財センター　p 15
図７　県町遺跡から出土した蹄脚硯（復原）　長野市立博物館蔵　p 27
図８　仁和４年（888）の洪水で堆積したとみられる屋代遺跡群の砂層　写真：長野県立歴史館　p 42
図９　社宮司遺跡から出土した六角木幢（レプリカ）　長野県立歴史館蔵　p 52
図10　『覚禅抄』所載の善光寺如来像。　勧修寺蔵　p 62
図11　甲斐善光寺に伝来した木造源頼朝像　善光寺（甲府市）蔵　p 98
図12　甲斐善光寺に伝来した正和２年（1313）在銘の梵鐘　善光寺（甲府市）蔵　p 114
図13　『称名寺絵図』に描かれた金沢実泰の墓所（善光寺殿御廟）　称名寺蔵（金沢文庫保管）　p 118
図14　現在の肥後小原善光寺（熊本県玉名郡南関町）　筆者撮影　p 134
図15　『親鸞上人絵伝』（琳阿本）上巻の「入西観察」の場面　西本願寺蔵　p 139
図16　聖徳太子との往復書簡が納められている「善光寺如来御書箱」　法隆寺蔵　p 152
図17　御伽草子『七人比丘尼』の一場面　長野県立歴史館蔵　p 158
図18　善光寺仏師妙海の手になる木造十一面観音菩薩立像　上島観音堂（長野県上伊那郡辰野町）蔵　p 163

あとがき

本書の執筆は早くから依頼を受けていたものだが、この度ようやく刊行に漕ぎ着けることになり、万感の思いを禁じ得ない。元来が遅筆であることに加えて、善光寺史と善光寺信仰の全体像を叙述することは、やはり荷の重い作業で、予想以上の年月を要した。基本的な姿勢としては、あくまでも歴史学の常道である史料操作と史料批判を軸に、関連諸学の成果も取り入れつつ、終始客観的に執筆することを心掛けた。すべてを網羅したいという当初の目標には程遠いが、それでも事実に目を背けたり、不必要に筆を曲げたりすることだけは絶対に避けたいとの信念を貫けたことに、我ながら満足している。むろん、史料解釈の誤りや、不注意な誤記・誤解等があるかもしれず、その場合には、機会あるごとに補訂をしていく所存である。もとより完成された作品というものはなく、本書も未解明な点が多い「未完成品」と言えるかもしれない。今後も完成の域を目指して不断の努力を重ねていきたいと念じている。

ここまでの道のりは長かったが、善光寺の成立事情に関しては、すでに『善光寺　心とかたち』（一九九一年、第一法規出版刊）所載の拙稿でも述べたように、自分でも早くから見通しができていた点である。とくに、水内郡の郡領氏族によって建立された、いわゆる「郡寺」に起源があることは、一九八七年の春頃に地元紙夕刊のコラムに執筆したのが最初で、その後も折に触れて自説を展開してきたが、現在ほぼ通説として受け入れられていることは筆者の喜びとするところである。このことに関連して、最新の考古学的な情報に触れておくと、二〇一五年の秋から二〇一六年の春にかけて、廃校となった長野市立後町小学校の跡地とその近辺のマンション建設予定地で、発掘調査が行われた（長野遺跡群県町遺跡）。その結果、奈良・平安期の掘立柱建物跡二棟（うち一棟は庇付きの構造）の遺構や須恵器製の稜椀などが出土し、水内郡家が善光寺の周辺一帯に展開していた可能性が一段と高まったことが注目される。

三〇年近くにわたる研究のなかで最後まで難題であったのは、鎌倉時代における善光寺の歴史的位置付けについてであった。この時代には善光寺関連の記事がさまざまな文献に現れ始め、その様相が次第にはっきりしてくるのだが、『吾妻鏡』のような幕府の編纂した歴史書に、一地方寺院にすぎない当寺のことが頻出することに、かえって釈然としない思いを禁じ得なかったのである。これは単純に「源頼朝の信仰」とか「鎌倉幕府の保護」といった言葉だけでは説明できないことのように思われ、執筆作業は滞ったままであったが、その後、間接的には平雅行氏の「鎌倉幕府の仏教政策」に関わる一連の論考と、直接的には黒田日出男氏による源頼朝坐像（甲斐善光寺所蔵）の像内銘の新解釈から示唆を得て、善光寺が「将軍家菩提所」であったとの確信を得るに至り、ようやく長年の疑問が一気に氷解した。分かってみればそれだけの話だが、研究を愚直に続けることの大切さを、この時ほど痛感したことはない。両氏の学恩にあらためて感謝するものである。

近世以降の善光寺史については、古くから地元の郷土史家の方々による研究の蓄積や史料紹介が積み重ねられており、それらに導かれるところも少なくなかった。一々お名前を挙げることは省かせていただくが、この機会に感謝の意を表したい。近代以降の善光寺の沿革については、主として地元紙の『信濃毎日新聞』の記事や、マスコミ報道に接した際の筆者自身のメモ書きが大変役立った。また、善光寺を訪れた文化人についての記述は、筆者の乏しい読書体験によるものである。

善光寺史の研究を深めることになった契機として、忘れることができないのは、一九九二年から始まった『長野市誌』の編纂に関与する機会を与えられたことである。公費を投じたこの事業により、県外を含む各地の寺院や公的機関に史料採訪に赴くことができ、善光寺信仰に関しても新史料を含む新たな発見がいくつかあった。それらの成果は『長野市誌』第二巻歴史編（原始・古代・中世）の叙述に盛り込んだため、善光寺史をテーマとした自著を上梓することに、当初は躊躇する気持ちもあったが、同書では頁数の制約から割愛せざるを得なかった事項があまりにも多かったことや、さらに刊行後に修正を要する部分が何か所か見つかったことが後押しとなって、あらためて本書の執筆に取り組む決意が定まった。編纂事業の際には当時の長野市誌編さん委員会や長野市教育委員会の職員の方々に何かと便宜を図っていただいたが、とりわけ教育委員会文化財課には、本書に関しても写真の掲載等に格別の御配慮をいただいた。この点を明記して、長年のご厚誼に深謝したい。

本のカバーには、兵庫県加古川市の鶴林寺に所蔵される『聖徳太子絵伝』第一、二幅の、「善光寺縁起」に該当する場面の絵柄を使用させていただいた。学生時代から何度か訪れた播磨地方の古刹の中でも、とりわけ思い出深い寺院であるだけに感慨はひとしおである。

最後に、長期にわたって辛抱強く原稿の提出を待って下さった法藏館の戸城三千代編集長と担当の秋月俊也氏、さらに校正作業に当たられた上に、有益なアドバイスをしていただいた光成三生氏に謹んで御礼申し上げる。

二〇一六年七月一五日

牛山佳幸（うしやま　よしゆき）

1952年、長野県生まれ。1983年、早稲田大学大学院文学研究科後期博士課程中途退学。信州大学学術研究院教育学系教授。専攻は日本古代中世宗教史。著書『古代中世寺院組織の研究』（吉川弘文館）、『【小さき社】の列島史』（平凡社）ほか。

善光寺の歴史と信仰

二〇一六年九月二一日　初版第一刷発行

著　者　牛山佳幸

発行者　西村明高

発行所　株式会社　法藏館

京都市下京区正面通烏丸東入
郵便番号　六〇〇-八一五三
電話　〇七五-三四三-〇〇三〇（編集）
〇七五-三四三-五六五六（営業）

装幀者　熊谷博人

印刷・製本　亜細亜印刷株式会社

ISBN978-4-8318-6024-8　C1021